破尷尬

Small Talk that Doesn't Suck

不再只用天氣當開場白。
四大不敗話題、先等三拍再回話、刻意唱反調，你的話題天空再也沒有烏鴉飛過。

國際暢銷作家、對話溝通教練；
《GQ雜誌》、《TedX》、《富比士》、《NBC新聞》專訪

派翠克・金 —— 著
Patrick King

吳宜蓁 —— 譯

大是文化

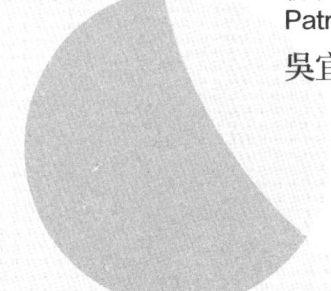

CONTENTS

推薦序一 讓聊天成為人生的催化劑／鄭匡宇──007

推薦序二 一本心靈使用說明書，以及為你量身打造的操作手冊
／重點就在括號裡──011

第1章 小聊，不等於隨便聊──015

1 尷尬癌，比想像還普遍──019
2 讓對方知道你在聽──028
3 多數人都忽略了聲調──038
4 在對話中加入鹽、油、酸和熱──047

第 2 章 閒聊不是亂聊,有公式 —— 057

1 你的弱點、缺點,都能拿來聊 —— 060
2 不要害怕說出自己的看法 —— 069
3 四大搭話主題:興趣、娛樂、食物、環境 —— 080
4 適時談些有小爭議的話題 —— 089

第 3 章 如果好的對話是一臺機器 —— 099

1 沒話說時就關機,不用勉強 —— 102

第4章

回應的藝術：別急，先等三拍

1 舊話題也能有新角度 —— 136

2 類比和對比，表達更生動 —— 144

3 不必一次把所有事說完 —— 150

4 所有經驗都可說成故事分享 —— 158

2 溝通能力與個性內向無關 —— 110

3 怎麼問話，對方會想接話？ —— 118

第 5 章

明明很努力，開口還是冷場 —— 169

1. 表現同理有公式 —— 171
2. 提供對方打開話匣子的門把 —— 182
3. 不被討厭的插話技巧 —— 190
4. 小聊，破尷尬 —— 197

推薦序一　讓聊天成為人生的催化劑

推薦序一 讓聊天成為人生的催化劑

激勵達人／鄭匡宇

在這個資訊爆炸、關係瞬息萬變的時代，與人輕鬆自在的聊天，無疑是現代人不可或缺的超能力。無論是職場上的破冰、社交場合的連結，還是日常生活中與陌生人的偶遇，聊天不僅是交流的橋梁，更是開啟機會與建立信任的鑰匙。

然而，許多人卻對「閒聊」望而卻步，覺得尷尬、無趣，甚至無從下手。《小聊，破尷尬》正能幫助各位解鎖這項超能力，作者用實用的框架與幽默的筆觸，讓每個人都能成為聊天高手。

我很喜歡作者在書中提出的四大搭話主題HEFE：興趣（Hobby）、娛樂（Entertainment）、食物（Food）、環境（Environment）。這四個面向簡單卻強大，因為它們觸及人類生活中最普遍且容易引起共鳴的元素。

誰不愛聊自己的愛好、沒追過一部劇、聽過一首歌？誰能抗拒分享對美食的熱情？而周遭環境——無論是派對氛圍還是咖啡店的裝潢，總能成為自然的話題引子。懂得善用HEFE公式，幾乎在任何場合都能跟任何人開啟一段精彩有趣的對話。

更讓我有共鳴的是作者在書中提到，聊聊自己的**缺點，往往是創造幽默，為彼此聊天加分的潤滑劑**。我一直相信，適度的自嘲不僅能化解尷尬，還能拉近彼此的距離。例如我和新朋友聊到自己是作家，還出過二十三本書時，都會提到：

「我一開始開出的，都是類似像《搭訕聖經》、《脫離好人幫》這樣的書，不過我的本意是想用搭訕作為激勵的隱喻，鼓勵大家毛遂自薦，勇敢踏出舒適圈，所以，其實非常有激勵意義。但當我後來直接改用激勵、正向的書

推薦序一　讓聊天成為人生的催化劑

名，像是《你就是自己的激勵達人》時，銷售成績瞬間就一落千丈了。」一邊說，一邊搭配誇張的語氣和動作。

強烈的對比和自嘲，總能讓對方會心一笑，甚至主動分享自己的失敗趣事。幽默不僅讓對話更輕鬆，也讓彼此的關係瞬間升溫。作者在書中提到的這類技巧，像是用輕鬆的語氣化解緊張、用自嘲展現自信，真的是一門值得學習的藝術。

《小聊，破尷尬》不只教你聊天，更是一本關於如何與人建立真誠連結的指南。作者以其獨特的幽默和洞察力，告訴我們聊天並不需要天賦，只需要一點方法和勇氣。

我相信，無論你是內向的職場新人，還是希望在社交場合更遊刃有餘的專業人士，本書都能為你打開一扇通往更好人際關係的大門。

推薦序二 一本心靈使用說明書，以及為你量身打造的操作手冊

影評人／重點就在括號裡

社恐是「社交恐懼」的簡寫，指在人多的場合裡會緊張；在某些人際互動情境裡（不只實際見面，也包括線上會議），感到強烈焦慮，甚至對自己沒信心。害怕自己在社交場合犯錯、被其他人評價或感到尷尬。而這點已成了社會現象。

當然，社交恐懼症狀嚴重時，可能會造成自律神經失調或引發其他情緒疾患，需要行為認知或藥物治療。但無論是誰，每個人的性格裡或多或少都

有一些社交恐懼，總有害怕對他人說話、畏懼尷尬場面的時刻。

這本由社交技能教練派翠克・金所寫的《小聊，破尷尬》，就是剖析這些情境，讓你在社交場合獲得力量與啟發，不再感到尷尬，讓你成為喜歡閒聊的人。

作者用字淺顯易懂、擅用譬喻。本書不是艱澀的心理學用書，它更像每一位社恐人士的「心靈使用說明書」以及「操作手冊」。

書中透過五個章節，按部就班的告訴讀者，你為什麼會對社交場合感到焦慮？產生焦慮時，可以怎麼做。首先在第一章定下好基礎，可以讓你了解自己，面對自身恐懼。

第二章〈開聊不是亂聊，有公式〉與第三章〈如果好的對話是一臺機器〉，則告訴讀者，可以透過什麼樣的方式與對方溝通，說出感受；如何在對話中與對方建立關係，該怎麼從對話的基本要素「提問」來取得信任。

第四章〈回應的藝術：別急，先等三拍〉與最後一章〈明明很努力，開口還是冷場〉，則是提點讀者在對話時要注意的細節，說了什麼與沒說出口

推薦序一　讓聊天成為人生的催化劑

的話，還有如何透過對方視角看待這場溝通的同理心等，都是溝通的學問。

溝通，說起來很簡單，是每個人每天都在做的事，但如何在過程中讓雙方都感到愉悅，其實不是件易事。稍有不慎，那份令人焦慮的尷尬，就會隨之產生，進而開始對社交產生恐懼。

《小聊，破尷尬》將這些你與我在說話之間應注意的眉角，透過流暢的文字、生動的描述，讓原本可能是讓人昏昏欲睡的學術文章，成為一對一輕鬆互動的大師教學。

本書正是作者跟讀者的一場「溝通」：他生動傳遞自己的想法，成為這本書的最佳實踐。

第 1 章

小聊，
不等於隨便聊

第 1 章　小聊，不等於隨便聊

你是否聽過有人說：「我好愛跟人聊天！聊再多都不夠。」

事實上，閒聊是人類最偉大的發明之一。該行為不但能降低風險（按：避免在敏感話題說錯話，而冒犯他人等）、享受對話，也可以幫助我們在最少煩惱和麻煩的狀況下建立連結，並確保與陌生人的初次互動，能帶來最大的回報。

閒聊就像一把鑰匙，可以打開通往更有趣的對話、更真實的人際關係，以及更少誤會的生活之門。

本書教你如何在聊天中「生存」，除了探討如何接納這種特殊的互動模式，並將它發揮極致，讓你成為熱愛閒聊的人，也談及人與人之間更深層的態度和核心理念，讓你在社交場合中真正獲得力量和啟發。

此外，我整理小聊的所有原則，這些原則能幫助你掌握對話的能量與流暢度，開啟對他人的好奇心，並在對話中展現最真實、獨特且坦率的自己，也會詳細討論我們到底要說什麼、什麼時候說、如何說，以及當事情不順利時該怎麼辦。

你現在可能不太喜歡閒聊或任何形式的社交。儘管如此，我希望你在讀完本書後，能享受閒聊，並將會話視為一種藝術！

1 尷尬癌，比想像還普遍

人們討厭閒聊的最大原因是什麼？很簡單，因為尷尬、不舒服以及極度不自在。

我要告訴你一個好消息和壞消息。壞消息是，**尷尬是與他人愉快、輕鬆交談的障礙**。但好消息是，它是**一種心理障礙，絕對可以克服**。

大多數人都可以與周遭人有更深入的連結，並與現有的人際有更深層、豐富的關係。我們也許意識到，自己渴望擁有更好的人際關係，渴望自由、舒適的與他人產生連結，但門檻似乎太高。

其實這個問題很容易解決，我們要改變的第一個重大心態，就是知道如

何面對尷尬，以及了解尷尬是什麼，並知道如何在這種情況下繼續溝通。如果不願意花精力社交，直到不再感到尷尬為止，才打算跟他人互動，那麼你會等很久！

換句話說，**擅長小聊的訣竅之一，其實是改變自己對尷尬的思考方式**。

日本心理學家泰・田代（Ty Tashiro）對尷尬現象非常感興趣，因此寫了一本書《尷尬》（Awkward）。他說尷尬是一種高活躍動態，以不舒服和迷失方向為特徵，事實上感到害羞或不自在，很正常，只是這些感覺往往干擾你與他人真誠的溝通。」

通常，尷尬源自於我們認為的正常社交出現偏差，然後我們在情緒上反應過度，使得這個偏差變得更嚴重。如果因為害羞和不自在而選擇逃避他人，就會形成惡性循環，若我們越不願意嘗試社交、與人練習對話，就越容易覺得尷尬，結果就是，越難把自己表現出來。

田代解釋，尷尬的人在社交場合中，總是帶著高度敏感度和自我意識，但這樣可能會導致焦慮和多慮。解決之道不在於學習如何擺脫這些再正常不

第1章　小聊，不等於隨便聊

過的感受，而是練習培養一些同理心和理解力，這不只是為了自己，也為了其他可能在社交溝通上掙扎的人。

社交焦慮通常伴隨著很多負面假設、偏見和信念。妨礙社交的原因，不在其他人身上，而是這些假設和偏見。你是否認同下面幾點：

- 善於聊天的人，能自然而然的交談。
- 聊天會妨礙「真正的對話」。
- 閒聊很困難又令人尷尬，所以最好避免。
- 只有我覺得社交很困難、很尷尬。
- 閒聊是無聊、不愉快和不必要的，如果可以，我會選擇不聊。
- 自己的社交技巧不可能改善或提升。
- 閒聊是膚淺、沒有智慧、毫無意義的。
- 沒有任何方法可以讓閒聊變得愉快，它是必要之惡。

小聊，破尷尬

真的是這樣嗎？以班恩為例，他很厭惡閒聊，能避就避。他討厭和陌生人談話到一半，不知道接下來該說什麼，也討厭沉默。那種感覺就像被丟進水池裡，而你不知道怎麼游泳。所以，他認為自己永遠不會喜歡和擅長與人閒談。

然而，若他意識到，有點怪異和不舒服等感受其實不稀奇，就不會以如此僵化、消極的方式解讀那些沉默。更重要的是，他的核心信念和假設，是期望閒聊應該來得輕鬆自然，不費吹灰之力。

在沒有做好準備的情況下參加社交活動，就像某天一覺醒來，要馬上跑馬拉松一樣。更進一步來說，許多人討厭閒聊，就像是因為沒有做熱身運動，而在跑步時受傷，然後說：「跑步又無聊又愚蠢，我討厭它。」

如果沒有任何規畫或熱身，就可能會受傷。田代強調了刻意準備社交互動的重要性，並將其比喻為開發「社交演算法」。這可能與我們的過往觀念：閒聊是順其自然、不用準備相違背。

透過預測和規畫常見社交場景的反應，可以減少尷尬，並順利互動。這

第1章　小聊，不等於隨便聊

種前瞻性的方法可以讓人有自信、真誠的與他人接觸。事實上，只要掌握情況並為採取行動做好準備，通常就足以讓人感到更平靜、有掌控力。

田代提出的最後一項建議，也是違反直覺：「與其對人過於有禮、壓抑自己和墨守成規，我們其實應該大膽一點。」讓我們仔細看看他對抗社交尷尬的祕訣。

為社交場合做好心理準備

進入社交場合前，要做好心理準備。花時間在腦海中討論和模擬可能發生的情況，例如**在餐廳點菜，這就是社交和會話的熱身**，引導自己完成相關的步驟。

想想看，在某個情境下，你會遇到什麼狀況或他人的期待？你需要做出哪些行為，才能感到自在？接著做好相應的準備。舉例來說：「當我走進店內時，我最需要注意什麼？」或「當我走到收銀臺時，我需要做什麼？」

以這種方式排練，一開始可能會覺得有點尷尬，但請放心，該方法比你想像的容易。

你可以留意一下舞臺演員或新聞主持人，他們能看起來輕鬆自在，並控制自己的表達方式、姿勢和語調，這並非偶然——他們很可能事先花了至少二十分鐘替聲帶熱身、練習臉部表情和排練臺詞。

當然，我們的目標不是要表演，而是要**表現出即興的樣子，有時候需要做很多準備！**

當你做好心理準備時，可能會同時做好情緒上的準備。給自己打氣，調整好心態。

田代在雜誌《大西洋》（*The Atlantic*）中提到：

「我只是在進入這些情境之前，先做一點自我對話。我稱為心理準備，我會說：『嘿，你不認識任何人，你很緊張。但沒關係，你以前也遇到過這些情況，你可以做到的。』」

第1章 小聊，不等於隨便聊

建立社交腳本

人不可預測，這也表示我們沒有辦法預測社交環境。不過，你可以找出生活中，可能遇到的最常見社交場合、時間和地點。然後透過建立腳本，準備在這些情況下使用。

舉例來說，思考自己平常一天中最有可能遇到的人，以及可能出現的互動方式，接著在腦海中預設一些事情，例如問候、介紹和開始談話。

以類似的方式，嘗試先發制人找出那些對自己而言，最具挑戰性的情境或動態。例如，如果你已經知道，與人告別是互動過程中，最令自己難受的部分，就得特別注意在這些時刻的用詞和舉止。如果認為工作中接觸新人最困難，試著想像這種互動的精確細節，並提前準備一個簡單的腳本。

當然，沒有人會逐字背誦腳本，那樣顯得很尷尬且不自然。重點在於將其視為順利互動的框架，藉此擺脫焦慮，讓自己看起來更自在、真實。

田代的最後一點建議，是主動且自信的接近他人。**當我們焦慮時，往往會不經意讓自己處於被動心態。**

諷刺的是，**如果我們主動接近焦慮的根源，焦慮感就會消失很多。**那是因為我們不再受外在力量的支配，而是積極參與動態的發展。如果有陌生人經過你的身邊，不妨立即抓緊機會打招呼：「嘿，我是新來的○○○，介意我加入你們嗎？」

雖然一開始可能會有點可怕，但你會發現，人們很歡迎並接受這個做法，而且緊張感通常都會在幾秒鐘內消退。

現在，回到我們前面的假設和核心理念清單，然後重寫：

● 人類天生就會與人往來，但這不表示你會自動這麼做，也不代表這麼做很輕鬆。

● 社交尷尬比想像中普遍。

● 社交尷尬不代表永遠無法接近他人、交朋友或在對話中建立關係。

第1章　小聊，不等於隨便聊

- 閒聊不是代替「真正的對話」，而是為了建立更多的親近和連結。
- 無論起點在哪裡，每個人都可以改善他們的社交技巧。
- 聊天不是膚淺、不聰明或不相干，而是一種不可或缺且非常有價值的生活技能。
- 閒聊並不是小事，它可以是愉快且有意義的。
- 編寫腳本和為社交互動做準備，是一種積極的方式，可以讓你更擅長閒聊，同時控制焦慮。

2 讓對方知道你在聽

珍妮患有社交焦慮症。與人對話時,她總是很自卑,尤其身處團體或派對中。這個問題嚴重到讓珍妮意識到她必須做出改變。

她心想:「我要怎麼成為一個更好的溝通者?該如何提高社交技巧?怎麼做才能成為更有趣、討人喜歡的人?或者我該以任何方式改變外表,還是該準備幾個別人會覺得有趣的笑話?到底該怎麼做,才能表現出迷人或有魅力的樣子?」

這些想法很自然,當社交讓你感到緊張、焦慮或缺乏自信時,你可能也

第1章 小聊，不等於隨便聊

會問自己類似上述的問題。

然而，回顧珍妮的思緒流，我們會發現一些有趣的事情——她想的所有一切，都是關於自己，像是該變得多有趣、迷人、風趣，應該說什麼，或者是怎麼說等。

事實上，自我意識和社交焦慮都與這種內向焦慮有很大的關係。問題是，當你開始過度關注自己時，你就不再密切注意外在世界，以及世上所有獨特、有趣的人。換句話說，**如果只擔心自己社交上的表現，你的表現就會很糟糕！**

轉換基本觀點，是要意識：「閒聊或任何形式的對話，都不是只有自己在對話裡」。雖然牽涉到自己，而你也扮演一個共同創造者的角色，但**人們聚集在一起，並不是為了聽你的笑話**，然後決定它們是否好笑，或是根據你看起來有多聰明或多迷人來評分。

一旦我們了解到社交互動不是要讓自己獨占鰲頭，接下來我們就可以自由的做一些更重要的事，如注意其他人，對他們產生好奇、提出問題，也可

以成為一個有興趣、尊重他人、專心聆聽的人,而這麼做可以減少焦慮。

重點不是「我」,是「他」

在行銷方面,個人化溝通是指根據收集到的個別客戶或潛在客戶資料,為他們量身打造互動、訊息和體驗的過程。這種方法,旨在提升客戶整體體驗,並加深公司與個人之間的連結。

但這跟更擅長閒聊有什麼關係?

好的行銷人員都是溝通專家,他們的技巧在於了解溝通是否有效,完全取決於溝通對象。即便你的訊息再有趣、正確、聰明或有娛樂性,如果傳達方式無法讓對方接受,就無法發揮作用,也就是溝通失敗。

說得更直白一點,**沒有正確的聊天方式**,沒有通用的笑話、趣事或問題;真正重要的是,**了解對眼前的人來說,什麼才有效**。

社交技巧高超的人明白必須根據每個人的喜好、興趣、行為和特點,來

第1章 小聊，不等於隨便聊

調整說話方式。

就像朋友送你的禮物，表示他們對你的了解和關心一樣，個人化溝通方式，也表示你不僅認同對方的獨特性，也尊重對方的獨特性。

同理，**在閒談中，個人化是指引導話題，讓談話內容與你或談話對象有關**。開聊看起來很一般，但從良好互動來看，會發現即使是最膚淺的話題，也可以根據相關人士的需求量身訂做。

膚淺不一定指沒有人情味或瑣碎，而是可以快速、輕鬆的對話，且充滿溫暖、連結和親切。輕鬆對談，並不代表只能乏味的討論當地新聞或天氣，透過個人化對談，因為涉及分享彼此的想法、回憶和感受，一樣能創造出情感的紐帶。

個人化閒聊，對於建立融洽的關係和加深人與人之間的連結至關重要。

它串聯更有意義的交流，超越表面的互動，最終促進更強大的人際關係。將話題個人化比喻成一座橋梁，你們從最初的尷尬、陌生，帶往更舒適、熟悉的狀態。那我們要如何從個人化閒聊開始，讓對話內容跟彼此更有關聯？

聊願望、追求、傾向

詢問對方的願望、活動或習慣，就是邀請他們分享自己的生活。這能表現出你真的有興趣了解對方，而不只是停留在表面的互動。

A：「你最喜歡去海邊做什麼？」
B：「我很喜歡衝浪和享受陽光。你呢？」
A：「衝浪呀！我喜歡在海灘尋找有趣的貝殼，沿著海岸散步。」

這時我們要留意：

● 分享關於自己的個人細節並沒有錯，但更有效的做法是先對他們表示出興趣。

● 閒聊不是在交換有用的資訊，所以要避免一直分享事實和資料，要問

第 1 章　小聊，不等於隨便聊

這些資料對對方的意義。

聊計畫

雖然比起欲望，詢問某人的計畫比較不那麼個人化，但仍然可以鼓勵他們說出自己的意圖和活動，因為，談論計畫與聊夢想、目標、動機以及價值觀等話題，內容不會相差太遠。當你把它作為聊到更親密話題的跳板，便可洞察他們的興趣和優先順序。

A：「今天是什麼風把你吹來了？」
B：「我約了朋友喝咖啡。你呢？」
A：「我只是在附近逛逛，但我知道這裡的咖啡很好喝！」

這時我們應注意：

- 問題要小而輕，不要讓人感覺被盤問，或要求他們解釋什麼。
- 避免問「週末有什麼計畫嗎？」因開放式提問可能讓對方陷入困境，最終只換來制式回答。一開始，應將重點放在較容易回答的封閉式問題，例如，A：「我們想要養一隻狗。」B：「很棒啊，想好要取什麼名字了嗎？」

在你的例子中提及對方

把對方加入你的軼事或觀察中，不僅能讓對方感到身在其中，也能促使對方重新思考自己的經驗和喜好。這是一種偷偷摸摸卻強而有力的方式，讓對方知道你在聽他們說話。

例如，假設你知道交談的對象是位護理師。你可以在分享關於新養的寵物軼事時提到：「牠現在病得很厲害，但完全不肯吃藥。你身為護理師，應該很熟悉這種事吧？」

第 1 章　小聊，不等於隨便聊

從對方當下狀態來開話題

觀察當下情況可能如何影響對方，並表現出同理心，同時促進更深厚的情感連結。這樣能鼓勵對方分享自己的感受和經驗，進一步增進融洽的關係，也能顯示出你是值得信賴、有同理心的人。

例如，你在禮堂裡參加一場大型活動，而你注意到剛被介紹給你的人穿著很高的高跟鞋，看起來很不舒服。雖然你自己沒有覺得不舒服，但還是談起了那雙鞋子，並隨口建議對方找個地方坐下。

透過簡單的觀察和建議，不僅表達出你注意到他們的不適，也表達出這些小事對你來說很重要，而現在你有機會和對方談一些更私人的話題──也許是他們很愛高跟鞋，但穿了總是後悔。這種舉動看起來可能沒什麼大不了，但像這樣的小禮貌，會產生巨大影響力，而且當你不只專注於自己的經驗時，才有可能做到。

共同點和同理心，最容易啟動談話

尋找共同點或者是對他人的興趣與經驗表達同理心，可以加強雙方的連結。舉例來說，當對方分享生活時，你能從中找出跟個人有關的事，進而加深交流。

B：「我熱愛幫助動物。」

A：「真令人敬佩。雖然我沒特別喜歡動物，但我在兒童醫院做義工，而且從中得到了很多滿足感，所以很了解，能幫上忙的感覺很好。」

在這個範例中，可以看到如何稍微量身訂做這個回應，傳達出「你和我很相似」。而非像下面例子：

第 1 章　小聊，不等於隨便聊

B：「我熱愛幫助動物。」

A：「哇，我做不到。我不喜歡狗，也不喜歡貓。」

有意識的在你和他人之間建立連結，不僅能創造出強烈的默契，還能引導出更有趣、更流暢的對話。

與他人對話最佳的方式，就是使用他們最容易接受的語言。當然，這需要想像力和同理心。若想知道他人最能接受的對話是什麼，最簡單的方法，就是好好聆聽他們說的話。

3 多數人都忽略了聲調

對話能量是一種無形但可觸及的特質,它會影響人們在互動過程中的感受。它有點像柏拉圖式戀愛(按:又稱純浪漫愛情或精神上愛情,以西方哲學家柏拉圖命名的一種追求心靈溝通,抑制性慾的精神戀愛),很容易感覺到,但又很難具體描述。

這種能量可以為閒聊注入活力、熱忱和真正的樂趣,同時打造良好關係。當人們以恰到好處的能量和氣氛對談時,便會創造出吸引人、令人振奮的氛圍,讓雙方更愉快。這種能量使人們容易建立連結,消除誤解和摩擦,建立更牢固、愉快的關係。

第 1 章　小聊，不等於隨便聊

相反的，當閒聊缺乏能量或充滿負能量時，對話就顯得沉悶、乏味及缺少新鮮感，但想脫離卻又做不到，這就是人們討厭閒聊的原因。整個過程都帶著強迫、輕微反感或無聊的氣氛。不幸的是，這種感覺往往會讓你更難與人接觸，而且很快陷入惡性循環，不斷加深這類負面感受。

好消息是，我們其實能創造對話能量，只要稍加練習，就能為簡短交談注入足夠的生命力和活力。

其祕訣就是創造多樣性，你需要改變說話內容和動作。

多樣性中很重要的一個部分，就是聲調。聽單調的語句，就像坐上一臺孩子玩的無聊火車，在平坦筆直的軌道上緩緩前進。想想美劇《我們的辦公室》（The Office）中的陶比‧弗蘭德森（Toby Flenderson），他就是典型負面教材。如果你的聲音聽起來和他一樣，人們很可能根本不喜歡聽你說話。

確保你的聲音有活力和上下起伏，才會讓人們感興趣。透過改變音量、句子長度或表達方式，為傳達語句增添色彩和趣味，讓你說的話更有層次和豐富。

有時候，我們會誤以為說話只是一種傳遞資訊的方法，只知道該說什麼，卻忘了說話方式也同樣重要，甚至更重要。還記得那些讓你社交尷尬的時候嗎？緊張可能讓你呼吸有點不規律，聲音變得微弱或顫抖，有時說話還會變得匆忙或像喃喃自語。

如果表現得不自信，人們可能會以某些方式回應，讓你更沒有自信。舉例來說，如果你害羞且說話小聲，使對話氣氛變得緩慢低沉，你可能會發現對談趣味很快就消失，而這又是一個惡性循環。

該如何改進？

首先，不斷提醒自己，**怎麼說比說什麼更重要**。不要執著說正確的話，現在就想想自己心目中最棒的演說者，你可能不記得他們原本說了什麼，但他們的舉止和態度肯定讓你留下深刻的印象。有趣的人不只是聰明或準確，他們說話時充滿活力和熱情。你不需要成為搖滾巨星也能吸引目光，記住這點就能減輕自己的壓力。

第 1 章 小聊，不等於隨便聊

讓你的聲音有高有低

留意聲音的變化，一開始你可能會覺得很奇怪，因為這與正常的感覺不同。它給人感覺太明顯、刻意，甚至有點俗氣。人們總認為社交的核心信念——特別是溝通——應是輕而易舉、毫不費力，而且不需要花任何時間準備或練習。有時還會不自覺假設，只要知道自己的意思和溝通的目的，其他人應該就會明白，不需要額外解釋。

在新冠肺炎流行期間，許多人躲在家中，少了很多社交時間，覺得重新回到社交世界，是個很大的挑戰。當再次與人交談時，常感到生疏、尷尬。

早上起床時，你的聲音可能很低沉，甚至有點沙啞，因為聲帶已經休眠一個晚上。聲音的多樣性和活力不足也是類似情況，一開始會覺得彆扭，是因為你根本還沒熱身。

以下五個方法可以放鬆聲線，並養成在說話時加入更多色彩和動感：

1. 對著鏡子練習

站在鏡子前，選擇一個短語或句子，練習用不同的語調來表達各種情緒。觀察自己說話時的表情和肢體語言。

你可以從「我很開心有這個機會」這句話開始。先用熱情的語氣，以表現興奮，然後試著用平和的語調來表現誠懇。臉部和聲音表情的微小差異，都會改變你的形象。

對著鏡子練習的好處，是你可以看到別人所看到的。人總活在自己的腦海裡，這造成一種盲點：在感受到某些東西時，總會假設其他人知道我們的感受。但除非以某種方式表現或傳達出來，否則對方不會知道，也不會對「我很開心」這句話有反應，真正讓他們有反應的，是你揚起的眉毛、睜大的眼睛和高昂的語氣。

你也可以嘗試模仿卡通人物、練習繞口令，甚至模仿著名演員的電影臺詞。想像自己如果是一名演員，如何說才能傳達正確訊息。

2. 情緒字謎

寫下一張情緒清單，隨機選擇一種情緒，嘗試透過強烈語氣傳達這種情緒。想像強調這種情緒時，會擺的手勢、身體姿勢和臉部表情，甚至可以嘗試讓其他人只根據你的聲音表情，來猜測你傳達的情緒。

例如，選擇「挫折」這種情緒，並透過語氣表達出來時，可稍微提高音調、加快節奏和輕微的強度，但不使用任何字詞。選擇完全中性或與情緒無關的隨機詞，也相當有趣。

這個遊戲有個其他方式，就是觀賞你聽不懂語言的電影或短片，或關掉影片聲音，這會迫使自己專注於非語言表達。

3. 寫聲調日記

如果覺得聲音表達特別有挑戰性，你可能喜歡為自己的語氣寫日記。在每次口頭互動後，反思自己的語調適不適當、能否有效和對他人的影響，並寫下你的觀察和見解。

例如，在會議結束後，思考你提出想法時的語氣是否夠堅定，以及是否鼓勵了團隊間的合作。音量、音調和速度如何？是否有效運用臉部表情和肢體語言。

寫日記非常有效，它能幫助你了解哪些方法確實有用。如果覺得社交很困難，你可能不會真心相信像這樣的小舉動會帶來改變，但如果在日記中記錄自己的成效，便能向自己證明這些動作多麼重要。

4. 角色扮演情境

創造情境或對話，與某人配對並輪流扮演不同的角色，許多人都是為了好玩才做這種事，尤其是兒童。

專注為每個角色和情況選擇適當的語氣，並投入到假想角色中，光是這樣，就能訓練自己的表達方式。

舉例來說，你可以以客戶服務當主題，其中一個人扮演抱怨的客戶，另一個人扮演客服人員，使用冷靜和同情的口氣來解決問題。也可以扮演電臺

第1章　小聊，不等於隨便聊

脫口秀節目、工作面試、第一次約會、公車站的閒聊，或者是任何你能想到的情境。

然後詢問對方，他們接收到什麼訊息？是什麼給了他們這樣的印象？如果你是經常被誤解的人（你其實很開心，但別人誤認為你在生氣或傷心），準備好接受這個練習帶來的驚喜！

5. 講故事

故事在兒童教育中扮演重要的角色，是因為**故事能幫助我們了解敘事的節奏和流程**，並教導我們同理心、情緒素養和觀點。當孩子們接觸故事時，他們真的是在學習如何社交、扮演角色，以及人類溝通的規則。

你可以利用故事改善自己的表達能力。挑一則故事大聲朗讀，可以從兒童故事開始。朗讀時，留意自己的呼吸和聲調。注意說話節奏，並根據你想傳達的內容，改變音調、音量和語氣。而故事中出現其他人物時，記得根據角色的模樣改變說話聲調，並盡可能戲劇化。想像你正在努力吸引一個年幼

的孩子聽你說故事。

這些練習的重點，只是幫助你更清楚自己的聲音，如何影響溝通以及他人的看法。這樣一來，你就能學會調節自己的聲音，以便在各種情況下更清楚表達自己。

4 在對話中加入鹽、油、酸和熱

我認為著名美國廚師莎敏‧納斯瑞特（Samin Nosrat）的烹飪哲學《鹽、油、酸、熱》（Salt, Fat, Acid, Heat）也可以用來比喻如何提升對話品質。如果我們將所有人際互動理解為一種菜餚，就可以開始根據其成分來看待它，是否太平淡無味？是否有點辣？還是味道恰到好處？

鹽、油、酸和熱這幾個元素，象徵著對話中的重要成分，就像它們在烹飪中的角色一樣。

我們可以藉由加入任何一種調味來調整乏味的菜餚，相同的，也可以透過這些提升小聊技巧，讓互動更加美味。

1. 加鹽：幽默、機智

一道沒有鹽的料理是九分。只需要加入一點點鹽，便能為食物增添更多風味。

談話中的鹽元素，代表幽默、機智和魅力，可以讓談話更引人入勝、令人愉快。一小撮的幽默或機智，就能增加對話的風味和趣味性，不過如果加太多，就會讓人不知所措。

為了將鹽元素融入對話中，可以適時使用笑話或有趣的觀察來緩和氣氛，以培養更活潑的對話。例如，分享與當前主題相關的有趣軼事，可以打破僵局、培養友誼。

帶入巧妙的文字遊戲或機智話語，以維持參與感和激起他人興趣。巧妙回應或幽默轉換熟悉的話題，可以刺激對話並讓它保持活力。請記住，你不需要突然變成一個令人捧腹的喜劇演員，只要有一點幽默感就夠了。

事實上，鹽分或幽默感不用太多，只要稍微暗示幽默，就能達到效果，甚至不一定要搞笑。溫暖的舉止、友善的語氣或真誠的讚美，一樣能增強對

第 1 章 小聊，不等於隨便聊

話的體驗。以真摯的微笑或貼心的讚美開啟對話，可以創造一個溫馨的環境，並促進有意義的連結。在許多情況下，輕鬆、傻氣或俏皮的舉止，比帶有笑點的笑話更有效果！

2. 加酸：好奇、懷疑

有時候，美味的食物會帶一點酸味。只要分量恰到好處，讓人愉悅清爽。不過，就像鹽一樣，適當劑量才是最重要的。

對話中的酸，可以理解為好奇心、懷疑和批判性思考，這些都有助於激發討論。好奇心或懷疑會為對話增添刺激，重新抓住談話對象的注意力。它是意想不到的元素，讓事情變得新鮮、新奇，還帶點活潑。

加入一點酸味的好方法，就是稍微帶著好奇心。透過開放式提問，並對對方的觀點展現出高度興趣，可以讓對話保持活力，避免停滯不前。提出一個完全無法預測的問題，就像在呆板的對話中注入一絲新鮮空氣。

追蹤問題和探究性的詢問，有助於增加對話的層次，防止對話變得片

面，並鼓勵參與對話的人深入探討話題。一點小摩擦和俏皮的意見不合，可以阻止互動變得過於公式化。例如，可以說些帶有爭議或令人困惑的話語，刺激聽者的耳朵，藉此增加他們的參與度和興趣。

批判性思考、分析論點、提出反駁、提供其他觀點，這些都能激發更深刻、有意義的討論，豐富整體談話交流。當然，也要注意酸味太重時，會讓人覺得你脾氣暴躁、愛好爭論或專橫霸道。

3. 加油：同理心、情緒智慧

在這一步的隱喻中，油代表的是可愛、舒緩的特質，例如同理心、脆弱和情緒智慧，能讓討論充滿深度和真誠。就像油脂豐富了菜餚，使它們變得吃起來舒適和有營養，這些特質為對話貢獻豐厚的內涵和意義。

與鹽和酸不同的是，你可以加入相當多的油。使用同理心，透過展現理解和共鳴對方情緒，培養一個溫暖的對話空間。透過讓對方知道你的感受和情緒，培養真實性和連結。公開分享個人想法和感受，表達自己脆弱的一

第1章 小聊，不等於隨便聊

面，並藉由尊重和接受他人的情緒表達，創造信任和親密感。

情感溝通就像油，是一種潤滑劑，有助於舒緩誤解、不匹配和溝通失誤。如果你覺得互動過程有點枯燥或單薄，就展現一些同理心和人性，像是透露一個關於自己的小祕密，談論或詢問雙方的情緒。

請記住，過多的同理心和個人感受也會產生問題，多餘的油會讓人感覺遲鈍和沉重。一個好的訣竅，就是在任何過於沉重的情緒時刻，用一點幽默來平衡。

4. 加熱：激情、熱情和興奮

對話中的熱，指激情、熱情和興奮，能為討論注入活力和動力。類似烹飪中的熱度如何增強風味，這個特質也能使對話充滿活力和動力。不過，加太多熱會造成菜餚過熟，也就是對話過於刺激。如果你曾經歷過從簡單的對話開始的激烈辯論，就會知道這種情況發生且轉變得多快速。

分享你對某個話題的興奮之情，可以點燃對方的興趣並投入其中，而且

他不需要分享或同意你的熱情，就能從這種能量的提升中獲益。太多人不願意分享自己古怪的興趣、真愛或某種痴迷。我們都以為人們傾向聽到理智、傳統的意見。但事實上，注入一點真正的熱情，就能像噴射燃料一樣促進談話，更何況它能創造親密感和真實感。

你是否曾與某人有著一段長年累月的友誼，但仍覺得自己並不真正了解對方？很有可能他們從未與你分享最深層、最獨特的熱情。在對話中，勇敢表現出真實的自我，不僅會讓自己看起來更有趣，也會吸引人們的注意，降低形式上的障礙。

當然，這個比喻在紙張上看來有點太理想，在現實生活中，需要練習才能好好運用。要做到這點，其中一個方法就是在對話時學會用心。在心裡自問：「究竟還缺了什麼？」然後想想自己可以用什麼方法，添加少許欠缺的成分，並帶來平衡。

舉例來說，對方是你週末課程認識的新同學，你被困在一段非常沉悶且

第 1 章　小聊，不等於隨便聊

表面的對話中。雖然交談有來有回，也沒有尷尬的沉默，但也沒有讓人想持續交談的欲望，感覺有點安全、可預測和無聊。這時問自己缺少了什麼，你會發現是「特別」。你們的對話，任何人在任何地方都可以進行。

考慮到這點，可以試著想辦法為這種交流注入新的、獨特的、特別的東西。你可以用一種誇張、帶著陰謀詭計的口吻說：「這是我們之間的祕密，我參加這個課程，是因為聽說他們在課程結束時會給甜甜圈。」然後眨眨眼睛，就像演一部俗套的一九七〇年代間諜電影一樣。這麼做雖然像個傻子，但它會立即改變談話的氣氛──增添鹽和熱。

同樣的，注意正在進行的對話中，有沒有什麼現有元素，可以幫助你避免增加更多無效的對話。舉例來說，如果你跟人聊天時，陷入了過度的情緒焦慮和分享，這時候如果繼續表現出認真、敏感、嚴肅，會讓對話變得更糟。同理可證，如果談話聽起來有點太激烈，不會因為加入更多自己的能量、熱情或摩擦而有所改善，反過來，用真誠的話說和同理心，能迅速使對話冷靜下來。

除此之外，增加鹽、酸、油或熱的最佳工具，不是你說出的話語，而是你的聲音：

- 加鹽：也就是幽默感，可加快說話速度，讓語氣更輕鬆明亮。
- 加酸：指好奇心，在聲音中加入一點神秘感。提高聲音，以表示問題或質疑的語氣。使用停頓或「嗯……」這類語助詞。
- 加油：表示同情，講話速度慢一點、口氣更柔和、更溫柔。
- 加熱：就是激情，提高音量、音調和表現力。

第 1 章 小聊，不等於隨便聊

重點整理

1. 不要抗拒為社交場合做心理準備，尷尬再正常不過。

2. 不要讓尷尬和焦慮干擾你與他人真誠的溝通能力。對任何妨礙自己的偏見、假設或信念產生好奇心。

3. 使用社交腳本和演算法，在社交前做好心理和情緒上的準備。

4. 社交焦慮會讓人變得內向、過度專注在自己，這代表我們會失去與他人的連結；將專注力轉向他人，對他們表現好奇，能降低焦慮。

5. 閒聊沒有唯一正確的方法，尋求共通點，或問關於比較個人的話題。

6. 說話時要有活力和多變的音調。注意肢體語言、表情和情感表達。

7. 鹽、酸、油和熱等象徵對話中的基本要素，觀察對話中缺少什麼，然後加一點鹽（幽默、機智）、油（同理心、情感）、熱（激情和興奮）或酸（懷疑、好奇）改善對話。

第 2 章

閒聊不是亂聊，有公式

第 2 章　閒聊不是亂聊，有公式

娜塔莉一直為社交苦惱，所以當她成年後被診斷出自閉症時，很多事情似乎有了解答，但娜塔莉發現，診斷結果讓她更難與人相處。

她一直覺得自己與眾不同，現在有了證據，證明自己真的跟其他人不一樣，她開始擔心別人是否能看出來，並不斷找技巧和捷徑，幫助自己變得正常，確保沒人能看出自己覺得一切有多困難。

結果這個計畫卻適得其反。

當娜塔莉遇見新朋友時，非常擔心自己在他們眼中的形象，所以表現得比平常更笨拙。情況越來越糟，娜塔莉很快就決定放棄，她不再隱藏自己、假裝成其他模樣。

這時，她突然發現自己在社交互動中變得非常自在，甚至可以說非常享受。究竟發生了什麼事？

1 你的弱點、缺點，都能拿來聊

人們逃避社交，通常是因為他們害怕犯錯或說蠢話，害怕自己看起來像個白痴或說話斷斷續續，也怕別人發現自己很焦慮。

就像娜塔莉一樣，他們誤以為更擅長社交的方法，就是改變樣貌，不展現真實的自我。在這些人的腦中，成功等於要製造一個完美的面具，來遮住原本的自己，這樣別人就看不到尷尬、不自在、不尋常的一面。

然而，**最好的會話者不隱藏自己的缺點，反倒接受這些缺陷**。事實上，他們有一種態度，就是不認為自己有缺點，更認為自己有著不同的變化。在社交上有自信、進行引人入勝的對話，並不代表完美無瑕。相反的，它其實

第 2 章　閒聊不是亂聊，有公式

是從顯露脆弱開始的。對於那些在生活中，覺得自己大都時候是局外人的人來說，這種領悟往往違反直覺。

脆弱包括開放、承認過失、分享希望、失敗和恐懼，同時承認自己的弱點。這代表自己足夠勇敢，可以以自身的人性引導他人。

我們的文化通常重視委曲求全、必須不畏艱難和獲得超群的成功。我們看到的這些人物，在我們眼中，成功外向者要看起來刀槍不入、無可指摘。我們看到的這些人物，都是光鮮亮麗的名人或社群媒體上有影響力的人士，幾乎完美得令人痛苦。他們不會疼痛、不會出洋相，也不會感到難過，可說是所向披靡，一切對他們來說都輕而易舉。

事實上，這種想法不僅有害，而且完全錯誤。一九九八年，一項關於人際弱點與焦慮的研究顯示，展現自身弱點與開放性溝通的人，往往有更多正面社交經驗，焦慮程度也較低。換句話說，**有缺點、有人性，會讓你在社交互動中更成功，而不是更差**。

讓他人感到舒適、隨和的人，通常會接受自身性格缺陷，並對自己的外

在感到舒適，他們願意脆弱，承認並公開自己的不完美，樂於嘲笑自己的怪癖，把缺點變成優勢。與其說他們的不完美和弱點是與他人連結的障礙，不如說他們**利用這些不完美與他人連結**。

想想前文例子，俏皮的透露參加週末課程，是因為聽說課程結束時會有免費的甜甜圈。雖然這聽起來有些愚蠢，但同時也是一種含蓄的表達方式：「我並不完美，有時候我會懶惰、貪婪、無恥，但我可以接納這些缺點。我可以笑著面對一切，包括自己。」

這與週末課程中可能遇到的其他人形成對比，他們對課程非常認真且投入，或許還能列舉許多其他成就，也非常聰明、有魅力，雖然你很佩服他們，但不一定會和他們產生共鳴。

由於娜塔莉試圖表現得像一個擁有一切的人，而隱藏了自己最好的「閒聊素材」。所以在她嘗試傳達自己認為應該成為的某種形象時，便錯過了更好的機會。

現在，忘記所有關於自信的意義，你不需要大嘴巴的外向性格，也不需

第 2 章 閒聊不是亂聊，有公式

要令人目眩的幽默感和娛樂性，更不需要超凡的才華和令人印象深刻的個性，也同樣可以放鬆、自信且迷人。事實上，你已經具備與人真誠連結的最佳工具。

弱點和不安全感，都能用來對話

與其炫耀成功，不如分享你的小失敗或尷尬時刻的有趣故事。這不但能讓互對更有吸引力，也能讓別人對自己感覺更舒適。人們通常會被能對自己缺點一笑置之的人吸引，因為這顯示出成熟和情緒上的韌性，非常具有吸引力。舉例來說：

奈特：「哇，這個手提包真好看。」

麗莎：「謝謝！其實，這不是我自己挑的，是先生送我的禮物。」

奈特：「他的品味很好。」

麗莎：「真的！不像我品味很差。也許我先生不想看到我會為自己挑選什麼東西！」

麗莎透過承認自己的弱點，讓對話變得有趣又好玩。分享脆弱的時刻，可以增加互動的謙卑和深度。你也可以從這些句子開始：

- 我從來不知道——。
- 我沒想到——。
- 你可能不該聽我的建議，但是——。
- 我是最不該——的人。
- 我完全不知道關於——。

第 2 章　閒聊不是亂聊，有公式

最大的缺點就是最好的賣點

就像世上所有最好的喜劇演員一樣，**不要迴避嘲笑自己**。事實上，對許多名人來說，他們**最大的缺點**，已被定義為自己**最獨特的賣點和最容易識別的特徵**。

舉例來說，假設你和老闆開車前往會議的途中，你稍微搞錯了方向。尷尬一會兒，但隨後你笑了，並俏皮的坦白：「對不起，我是他們口中的導航障礙。如果我說：『左轉』，你最好馬上右轉！」

就像這樣，開誠布公的說出自己的小缺點，同時創造一個融洽和幽默的空間，讓困難都迎刃而解。甚至可以說，比起那些也有同樣缺點，卻狠狠否認或試圖隱瞞的人，真正坦誠面對自己缺點，會讓人覺得更值得信任與討人喜歡。

自嘲式幽默，建立連結

請見以下例子：

「真不敢相信我剛才做了那件事！我大概是把大腦忘在家裡了。」
「親愛的，你現在知道我為什麼不是世界知名的藝術家了吧？」
「相信我，你不會想吃我做的菜。如果料理能當作武器，我肯定在恐怖分子名單上。」
「我們不該開我的車，開到一半輪子就會掉了。」
「我不漂亮，但我的媽媽很愛我⋯⋯我覺得啦。」

當你說出一些奇怪的話時，可以試著來個古怪的轉彎：「這只是我腦子裡冒出的第一個想法，我不知道為什麼！」如果想讓話更有感染力，可以加

第 2 章　閒聊不是亂聊，有公式

上：「看來我的腦子不夠用」當你接受自己的不完美，並學會將錯誤轉化為幽默的時刻，恐懼就會減少。

美國社會工作研究院教授布芮尼‧布朗（Brené Brown）說：「脆弱是連結人的發源地，也是通往有價值感的道路。如果沒有脆弱這份感受，分享可能就沒有建設性。」

但這並不表示我們必須過度分享或暴露自己的內在。沒人想把破碎、不完美的自己傾倒在對方面前，好像在說：「這就是我！不接受就走！」相反的，這是一種更微妙、有彈性的態度。我們要溫柔接納並面對脆弱的自己和他人，不必隱藏或否認自身缺點，也不必慶幸或沉溺於這些缺陷，但可以用幽默和寬容承認它們，不要讓它們妨礙我們與他人的連結。

同樣的，**自我貶低的幽默需要幽默多於貶低。若太誇張，讓別人擔心你是否真的在自責**：「我真的很不會認路，太令人尷尬了。你應該炒我魷魚，一了百了！」每個人的詼諧程度不同，但我們不希望太接近「黑色幽默」，讓人難以分辨自己是不是認真的。

小聊，破尷尬

還有，當**事情嚴重時，盡量不要使用幽默或自嘲**，也不要過於擁抱自己的缺點。對於日常的摩擦，輕鬆一點是很好，但如果在判斷方面犯了嚴重錯誤（例如：你撞了車，車子全毀），最好配合對方語氣，認真看待事情。

2 不要害怕說出自己的看法

「公司裡應避免談論宗教、政治、金錢或性方面話題」，大多數人都聽過這條禮儀建議。但有趣的是，這四個話題剛好是人們最有興趣討論的事！

比起以前，現在社會更讓人感到分化和分裂，我們往往被告知，若想避免衝突或尷尬，最好避開這些事。這個建議不錯，畢竟人們對這些話題通常有強烈的意見和深刻的信念，所以很容易就會引發爭論、誤解和傷害感情。

然而，真正的技巧並不是避開話題或不分享意見。雖然閒聊應是安全且愉快，但這不表示不能展現真實的自己。

許多人都認為自己的意見很有價值、珍貴，同時可能將他人的意見視為

生活中的不幸，而選擇忽略或者是容忍。我們的文化，將意見定為全有或全無、對或錯。每當聽到別人的想法，特別是與自己看法不同時，許多人會反射性的想：「自己是不是同意、喜歡這些話？這個意見是對或錯嗎？」有時我們會將不同的聲音，視為引發競爭和衝突的邀請——誰的意見應該「贏」？

事實上，正是上述**態度導致衝突，而非不同的意見本身**。兩個人的意見可以天差地別，卻談得舒適愉快，而兩個意見相同的人，也很可能引發激烈爭吵。

善於溝通、交際和閒聊的人有截然不同的心態——他人的意見具有內在價值。當人們分享時，代表新想法、新能量以及新的可能性，都可以進入互動中。

分享意見等於讓他人看見並認識自己，身分變得更加明確，而價值觀和觀點也被公諸於世，這表示其他人可以做出適當的回應。如果不討論和表達，個人和集體的成長就會受到阻礙，開始保持距離。

第 2 章 閒聊不是亂聊，有公式

溝通大師的想法遠超過：「人人都有權發表自己的意見」。

我們不該將尊重和承認差異當成一種乞求的權利，而應視為使人們變得有趣、獨特和有價值的東西。每個人都有不同偏好、觀點，以及獨特的價值觀、興趣、目標、品味和個性。

「意見就是權利」、「必須容忍他人」這是錯誤的觀念，因為意見的價值不在於對或錯，也不是絕對的真理，而是觀點。**承認有不同的觀點存在很重要**，但要真正了解人們，我們需要超越只承認他們的觀點，並積極接受和重視。如果你只在乎他人有多正確，就無法做到這一點。

這聽起來可能很嚴肅，但分享和接受意見，在聊天裡一樣很重要，因為它能讓談話保持流暢和有趣。然而，大多數人迴避分享真實的想法，也不願意接受他人的意見，這類人想表現得有禮貌，並希望別人喜歡自己，因此堅持談論安全的話題，避免任何可能被視為有爭議的話語。

這是錯的！

透過自由分享自身所想，尤其瑣碎的話題，能為引人入勝的對話做出貢

獻。主動提供想法，可以防止對話停滯不前，同時傳達出你想開放和真實的意願，間接的邀請其他人也這麼做，讓信任感和親密感不斷增加。

你可能有很多強烈意見，但不清楚自己的核心想法，或不習慣表達。如果你屬於後者，那麼接下來要做的挑戰，就是鼓起勇氣認識、分享自己。成為自己的專家才是關鍵。你思考和分享的意見越多，大腦就越擅長形成意見並表達出來，使互動更有吸引力。無論你持有什麼主張，都要嘗試在表達時兼顧考慮和自信。

三秒練習，訓練表達能力

接著，請各位讀者挑戰在三秒鐘內回答以下問題。這樣做的目的是讓你表達意見時，能更加快速且得心應手：

1. 你最喜歡的甜點是什麼？

第 2 章 閒聊不是亂聊,有公式

2. 你最無法忍受什麼事?
3. 如果只能留著一本書,是哪本?
4. 你希望看到什麼新科技出現?
5. 你最喜歡什麼車?
6. 你認為哪位名人會是好總統?
7. 你所在的城市中,最值得去哪裡?

確切的問題及答案其實不重要,重點在於評估自己快速表達意見的能力。你能在三秒鐘內輕鬆回答上述問題嗎?如果不能,那麼你需要發展這項技能,並提高自發且有效的對話能力。你不需要能發表二十分鐘TED演講(按:TED Talks,召集各領域的傑出人物,分享關於技術、社會、人的思考和探索。TED分別代表科技〔technology〕、娛樂〔entertainment〕和設計〔design〕)的技能,答案也不需要完美或真實!但該有足夠的自信回答問題,而不覺得尷尬或窘迫。

073

凡事都說說你的看法

在日常中，我們得多練習表達各種意見。諷刺的是，那些被教導要把意見藏在心裡的人，往往會發現在他們要說出自己的想法時，已經沒有練習的機會，而當他們終於說出口時，表達方式可能顯得笨拙或刻意。

如果這聽起來像你，就挑戰自己，從小地方開始加入個人意見。討論個人感受和喜好，不代表要牽涉到深刻而有意義的話題，只是分享自己的經驗和想法，例如你對書本或電影中最喜歡的場景有什麼看法。向他人提供正面、俏皮或稱讚的言詞，促進參與度。例如：

「那是個很有趣的講座，對吧？我絕對沒想到最後那部分。」

「下雨了，我超愛下雨天！」

「這雙鞋真漂亮！我喜歡任何銀色的東西。」

第 2 章　閒聊不是亂聊，有公式

通常最好是分享真正無害和正面的意見——說出你喜歡或愛的東西、提到你注意到的事、表達興趣與感激，或對共同環境中的事物感到驚訝。這不是說你絕對不能分享負面意見或感受。只是，在剛練習表達、嘗試改善談話技巧時，保持輕鬆就好。比較重要的意見，可以在聊了一陣子後和重要談話時再說，而這時揭露個人資訊，可以促進彼此的信任和連結。

表達誇張和肯定句

有一個很有效的閒聊技巧，就是你的意見保持輕鬆正面，但表達要非常豐富多彩，甚至誇張。這種方式需要一點練習，訣竅在於使用強烈、甚至過度的話語，以有趣的口吻、說法表達意見和喜好。舉例來說：

「試衣間的燈光實在太迷人了，不知道他們用的是什麼魔法燈泡，我的臥室急需一個！」

「還有什麼比從餐車上吃到的費城牛肉起司三明治更美味?如果有的話,我還真沒找到。」

「這間餐廳現在起就是我的最愛,我要永遠住在這裡。」

「他是我看過最糟糕的角色了,他會讓我高血壓。」

「那是我人生中最尷尬的時刻。我發誓,我當時尷尬到連草被風吹過的聲音都聽得一清二楚……。」

別讓你的信念妨礙聊天

意見被描繪成可被挑戰或被辯駁的暫時主觀觀點,而信念則不同,人們通常抗拒改變信念。

這是因為信念通常植根於文化或信仰、道德與價值觀。受個人經驗、知識、成長歷程和社會影響,其範圍可以從強到弱,並可能隨著時間演變。與他人的互動和個人經驗,可以增強或改變信念,進而激勵或妨礙行為。

第 2 章　閒聊不是亂聊，有公式

信念讓我們成為自己，但也會讓我們拒絕其他觀點，進而妨礙社交和個人成長，也會讓原本精彩的談話變得更具挑戰性。

在談論信念，尤其關於種族或宗教等敏感話題時，務必要有技巧且考慮周全。以下是在閒聊中分享信念的三個小訣竅：

1. **傾聽，不是為了反駁**

這是黃金定律，而且不只用於閒聊。不要立即做出回應，而是花時間專心傾聽對方在說什麼。舉例來說，如果對方對政治議題發表意見，別馬上回應你的看法。有一個技巧可以培養聆聽而非爭論的能力，就是每當你想直接反駁時，就提出一個問題。

2. **不要怕說不知道**

不用因覺得必須馬上知道所有答案，而產生壓力。你永遠不必為自己或信念辯護。如果不確定自身信念的某個方面，或不熟悉某個主題，你可以爽

快承認。

舉例來說,假設問到你不確定的宗教習俗,可以回答:「我不確定,我研究一下再回覆你。」這顯示你謙卑、願意學習,可以促進更深入的對話。沒意見或承認還在學習自己的信念,沒有什麼不對。

3. 相信你的個人經驗

你的生活經驗有效且有價值,即使在隨意的對話中也是如此。你可以因此放鬆,而放鬆會帶來更輕鬆、愉快的互動。相信自己的觀點,不要讓恐懼阻止你分享想法。

例如,討論一個自己熱衷且直接影響你的話題時,你可自信且冷靜的表達觀點。不需要說服任何人或為你的信念道歉,抑或是把它變成一場拔河遊戲。在這方面越有安全感,就越容易對他們的觀點提問,並願意真正聽取他們的想法,而不會覺得受到威脅。

第 2 章　閒聊不是亂聊，有公式

良好的對話需要尊重和體貼，但這不代表必須經過審查或讓話題變得平淡無奇。每個人都有自己的意見和信念，正因如此，我們更該好好表達和分享這些意見和信念。

3 四大搭話主題：興趣、娛樂、食物、環境

HEFE是指興趣、娛樂、食物和環境（現在的周遭環境，不是氣候變遷等），四個主要話題可以幫助你相對輕鬆的開始談話。

大多數有社交焦慮的人可能認為開啟對話最具挑戰性。而HEFE可在關鍵的最初時刻，提供一種可控制和可預測的情境。你甚至可以使用這個公式預先準備一些回應和評論，以便緊急情況下使用。

不是做好準備，就能讓你好好的談話，而是感受到安全感和自信，你才更容易與人接觸。

事實上，尷尬的停頓並不是什麼大不了的事。但對於有社交焦慮的人來

第 2 章　閒聊不是亂聊，有公式

說，短暫的停頓可能會讓他們變得更沒自信，進而失去信心，影響接下來的互動。

把HEFE記在心上，就像獲得一張舒服的毯子，它能在你需要的時候帶來信心。

HEFE中的環境，對在社交場合容易焦慮的人特別有幫助，因為它可以將焦點從自己身上移開。這種轉移非常重要，因為社交焦慮通常源自於負面的自我認知，以及擔心他人對自己的評價。換句話說，將注意力向外轉移，可以減少這種焦慮，讓你積極投入眼前的人，以及你在此時此地與他們的互動。

你可以使用HEFE分享自己的資訊，或者是將注意力放在對方身上，讓對方分享他們的事。讓對話擺脫冷場的最簡單方法，就是提出一個問題。

例如：

● **興趣**

「這個週末你打算做什麼？像今天天氣這麼好，我喜歡健行⋯⋯。」

「你看了昨晚的比賽嗎？我也是某隊的超級粉絲。」

「你上這門莎莎舞課程（按：一種強調個性、不受拘束的舞蹈）多久了？你還跳其他類型的舞嗎？」

盡量避免非常明顯的「你做什麼消遣時間？」問題，因為這有時讓人難以回答，不妨嘗試將問題與目前有關的事連結起來。

● **娛樂**

「我昨晚看了那部票房很好的電影。真的很好看！你看了嗎？」

「你最近讀了哪些作品嗎？我正在看某本書，但我不確定自己喜不喜歡那位作者的風格。」

「我愛這首歌！你知道唱這首歌的樂團嗎？」

第 2 章　閒聊不是亂聊，有公式

同樣的，可以看出當這個技巧能連結當下發生的事，效果最好，也許是收音機正播放的歌，也可能是你發現對方，或其他人正在看書報雜誌上某些有趣的東西。

● 食物

「我願意用靈魂換一份美味的千層麵。你呢？你最喜歡吃什麼？」
「我在想今天晚上烤點魚來吃，你會做飯嗎？」
「這附近唯一缺少的就是冰淇淋攤販……對了，你最喜歡的冰淇淋口味是什麼？」

食物這個話題可以出奇的快速且深入對方的心！聊食物時，很快能引發出各式各樣的懺悔、揭露，和許多強烈的意見，它是最好的閒談素材。

為什麼觀察環境有幫助

HEFE 縮寫的最後一個字母代表環境,與人對話時,環境是非常有用的話題。

「你通常都搭這輛公車嗎?每天都這麼晚嗎?」

「你知道這個地方幾年前其實是星巴克嗎?」

「哇,今天好熱鬧。週末有什麼特別活動嗎?」

據五十二個關鍵對話對話卡(52 Essential Conversations)的創作者珍妮‧伍(Jenny Woo)說,HEFE 主題對每個人而言,都是容易接觸且壓力不大,可以降低恐懼程度,尤其跟周遭環境有關的話題。不需要專業知識,還能鼓勵他人分享意見,更容易相互理解。對話開頭其實只是最容易的部

第 2 章　閒聊不是亂聊，有公式

分。當你開始說話、打破僵局的那一秒，對話就已經開始了！一旦踏上了第一階，接下來要說什麼都不難。

A：「這裡唯一缺少的就是冰淇淋攤販⋯⋯對了，你最喜歡的冰淇淋口味是什麼？」

B：「嗯⋯⋯每個口味我都喜歡。」

A：「不行，只能選一個！一定有一種比其他口味更喜歡。」

B：「我很喜歡開心果，但這附近買不到好吃的開心果冰淇淋。」

A：「哪裡可以買到呢？」

B：「○○店的開心果冰淇淋最好吃，我在那裡吃到有生以來最好吃的冰淇淋。」

A：「我聽過那家店。在○○區域的拱廊旁邊？」

B：「對，就是那家。我就在那條路上長大的！」

085

小聊，破尷尬

不斷以簡單、低風險的話題為主題，並參考環境，你就可以保持輕鬆、無負擔的小聊。可以想想，我們與朋友如此親密，是因為有共同事物，可能是歷史、一起經歷過的事、共同的意見、工作、生活方式或嗜好，甚至是共同認識的人。

所以，當你遇到不熟悉的朋友，甚至陌生人時，建立融洽關係的最快方法，就是刻意營造共同經歷。而在任何情況下，兩人總會分享一些顯而易見的東西，就是周圍環境。

一起等待同一輛的巴士、一起淋雨、聽到同樣的廣播。注意這些潛在的共同經驗會讓你有點「融入感」，並踏出與他人連結的第一步。這是進入對話的最簡單、舒適的方式，更棒的是，這招不需要記住任何規則或技巧。只要注意你們所處的環境中發生什麼事，接著提出一個問題或回應，吸引對方加入話題。

當你感到焦慮和自我意識強烈時，你的注意力就會縮小，變得只專注於自身。因此，你會覺得世上完全沒有什麼話可以與對方說。但如果你放輕

第 2 章　閒聊不是亂聊，有公式

鬆，稍微擴大意識，將注意力放到其他地方，你會發現周圍很多有趣的聊天話題。你需要做的就是挑選其中一個，然後運用它。

開始一段對話的門檻其實很低，而且有許多安全又舒適的話題，可以讓你沒有負擔的開啟閒聊。當然，這些話題可能很膚淺，但你可以將它們當成點燃火花的火種。

一個很好的練習方法，是在日常生活中的公共場合，如商店、街上、咖啡廳、餐廳、工作場所等多注意周遭環境，並在腦中開始一段對話。只要察覺環境中的潛在線索，便可思考如何運用這些提示。舉例來說：

● 看到某人的整隻手紋了漂亮刺青：「哇！好漂亮的圖案。你一次刺滿整隻手嗎？」
● 在超市看到有人買了五束羽衣甘藍：「我敢打賭你媽媽會為你吃光蔬菜而驕傲！」
● 看到人們排隊買彩券⋯⋯「這期頭獎金額多少？」

- 在公園裡看到一位女士在遛狗：「我能問牠是什麼品種嗎？」
- 在停車場看到有人一臉困惑的按著收費機：「看來需要一個工程博士才能操作這臺機器。」
- 在海灘看到一個爸爸帶著三個被晒傷的孩子：「今天真熱啊。」
- 看到一個男人在看歷史雜誌，頭版是關於第二次世界大戰的故事：「那看起來很有趣。你是歷史迷嗎？」

當你越注意周遭，越容易發現某些事物總能成為談話的切入點。包括流行趨勢、假期、寵物、小孩、流行飲食、停車罰單、哪裡可以吃到最好吃的披薩、名人八卦、世界領袖有多瘋狂、流行電影、季節性的商品（如聖誕節、萬聖節、情人節等）、運動、人們有多忙、還有多久才到週末等。

雖然你可能會覺得這些話題很膚淺，但它們其實很有價值。因為它們隨時可用、內容豐富，而且能幫助你輕鬆的對話，把尷尬的風險降到最低。

第 2 章　閒聊不是亂聊，有公式

4 適時談些有小爭議的話題

如果你掌握正確方法，你就會意識到**閒聊**其實不會持續太久，它只是一**種溝通的過渡形式**，目的是為之後的對談熱身。甚至，你越充分參與其中，越能快速進入更有深度的談話。

只是，在你深入有意義的對話前，要注意的是從初次見面到成為好朋友的過程中，有許多深淺不一的差別，而這些階段可能比簡單閒聊還複雜。

讓我們看看班，他很聰明，不論什麼話題，都有很多東西可分享，而且善於聆聽和提出深思熟慮的問題。

雖然班很容易與人閒聊，但聊天後，與對方認識、見過面，但又稱不上

朋友，甚至不期望成為朋友，總是讓他覺得很焦燥。這是因為班渴望結識朋友、建立深厚的友誼及真正的連結。

這就是麻煩的地方，這種欲望意味著，他會立即展開深入且相當激烈的討論。他對分享自己的熱情感到興奮，很快就開始針對他最喜歡的話題開始長篇大論，甚至變成一場激情四溢的獨白。他有時會說出一些私人、太有爭議或激烈的話。

儘管當時他覺得這是好主意，但事後才意識到，在他急於強求親密和親近的過程中，製造更多尷尬。人們跟他拉開距離，或把他當成空氣，讓他覺得有點難堪。

問題很明顯，班表現得太衝動，結果搞砸一切。有點像第一次約會，結果五分鐘後就跟對方求婚！

「中間談話」指超越小聊的對話，但不夠深入或有意義，不足以被視為重要對談。通常發生在社交場合，人們之間的連結有限，而且可能永遠不會再有互動。中間談話中，參與者會談及比一般閒聊稍微實質的話題，允許短

第 2 章 閒聊不是亂聊，有公式

暫的連結，並可能學習關於彼此的新事物。

說得更詳細一點，中間談話是指提出問題，或討論一些能引起思考或反省的話題，它超越表面、禮貌性交談。雖然中間談話可能不會帶來深刻見解或持久關係，但它可以為原本平淡的互動，增添深度和趣味。中間談話很重要，它是從點頭之交到好朋友中間的關鍵一步，這是必須小心和耐心駕馭的區域。

問題是，中間談話比閒聊更棘手。順利閒聊代表你不是敵人，但中間談話則表示你可以成為朋友，兩者的差別非常大，是個微妙的平衡點。閒聊適合快速互動，中間談話則適合工作活動或婚禮等熟悉但不親密的場合，讓人拉長聊天時間。保持中間談話的吸引力，而不引起爭議，這點很重要。

為了避免陷入像班的尷尬情況，我們得學會控制強度。避免有分歧的主題，讓對話保持溫和，輕鬆但愉快。**談一些有一點爭議的話題，可以激發更多細微的回應，但不至於分歧**，既能保持對話的趣味性，又不會太過緊張。如果雙方都對培養出友誼或關係有興趣，中間談話也可以是過渡性的。

那麼下一步就是慢慢熟悉和親近，讓對方每次都有機會回應你的邀請，雙方因此更親密一點。

漸漸的，增加熟悉感和信任感。但如果這個過程沒有循序漸進，就會像班一樣，變得非常尷尬和笨拙。慢慢來，也是減少誤會或潛在衝突的方法。堅持溫和的態度能讓人在事情發展不順利時，保住面子。

這正是中間談話如此棘手的重要原因，中間談話可以是過渡性的，並引導到更大的事情，但不一定非得如此。有些情況會讓彼此無限期停留在這個階段，包括：

- 不常見面的人，例如一年左右見一次面或遠親。
- 你不一定喜歡，但必須維持良好關係的人（同事、姻親等）。
- 在你社交範圍內，但不一定是你朋友（同事、好友的配偶）。
- 對你有權威的人（主管、老闆）。
- 你會花很多時間相處，但只有一段特定時間（在會議、婚禮、渡假或

第 2 章　閒聊不是亂聊，有公式

圖表 1　不具爭議性，但稍微有趣的話題

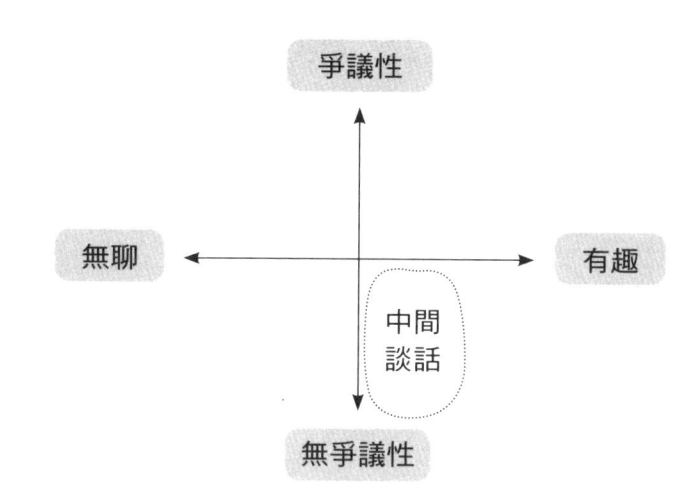

```
              爭議性
                ↑
                |
   無聊 ←────── ┼ ────── → 有趣
                | 中間
                | 談話
                ↓
             無爭議性
```

特殊工作專案中遇到的人）。

首先要做的，就是判斷你與對話者是否處於中間談話。

一旦你做了自我介紹，並閒聊一段時間後，你會發現說話內容稍微變得充實，這時就可判斷自己正進行中間談話。就像上方圖所示，大都時候話題不具爭議性，但稍微有趣一點。

如果隨著時間推移，你有理由相信能繼續發展和加深彼此的連結，那麼可嘗試透過多一點爭議性和私人話題，來逐漸增加親密度。

更明智的做法是，一開始中間談話應該維持在中等程度。不要像班一樣，把良好關係當成可以立即成為最好朋友的許可！請務必遵循以下規則，以保持在良好、快樂的對談：

1. **保持親和力**

在中間談話討論的話題，對一般人來說應該是易懂且有意義。我們的目標是，啟動不需要廣泛背景知識或深厚專業知識的對話。某種程度上，你仍在談論開聊中提及的話題，只是聊得更深入而已。

大多數人生活在自己的社交泡泡中，容易忘記自己的觀點和態度，而且其他人不一定也是這麼想。請注意，不要做任何假設。堅持使用經典的主題，而這些主題適用於世上大多數人。

2. **在話題裡加入一點點爭論**

中間談話應帶入某個程度的爭論，也就是說，對談可以喚起參與者間不

第 2 章　閒聊不是亂聊，有公式

同的意見或偏好，有助於讓談話更吸引人且難忘。這裡的重要關鍵是，帶入小量的爭議或爭論，純粹是為了帶入一點深度的話題。其形式可以是一個出乎意料的提問，或者是分享自己稍微不受歡迎的意見。

每個社交場合都獨一無二，所以永遠沒有規則可言。如果你不確定該怎麼找有點爭議的話題，可以用一些只有名義上有爭議的事情（如「我喜歡披薩放上鳳梨」）來試水溫。

要注意的是，應避免深入到可能導致激烈爭議的內容，盡可能遠離可能會讓人們陷入防禦狀態的尖銳話題，若運氣好，你的意見或想法也許和對方完全一致，但如果不是，場面就顯得尷尬，而且很難進行下去。

3. 保持洞察力

當你與不熟悉的人交談時，你無法得知對方的溝通方式、價值觀和觀點，無法確定他們的背景、生活目標，以及所有對他們來說重要的事情。這

就是為什麼最好從安全題目開始,而不是假設他們會理解或同意你為了自己方便而挑選的主題。

中間談話雖然平易近人,但仍應提供某種程度的洞察力或引起雙方深入思考,開始注入自己的想法。我們目標不是要離奇、激烈或真誠的對談,而是溫柔的帶出一個意想不到的看法,或為事情帶來多一點活力。

4. 避免過度強調知識

通常,人們會試著趕快讓社交互動跨越中小型談話的階段,因為他們往往假設大型談話更有趣、有智慧,也更有價值。也認為較表面的對話層次,覺得愚蠢或無聊,或缺乏深度。

這種想法的後果之一,是我們可能會太過急於進入自認為有價值、令人印象深刻或聽起來很聰明的話題,或與自己個人興趣和價值相關的事物。事實上,這麼做會逐漸中止對話。

美國電影導演伍迪・艾倫(Woody Allen)曾在訪談中問十七歲的英國模

第 2 章　閒聊不是亂聊，有公式

特兒崔姬（Twiggy）：「妳對嚴肅問題的看法是什麼？妳最喜歡的哲學家是誰？」人們認為伍迪提出這個問題，是故意讓崔姬出糗（但她成功轉移了焦點），而不是真誠嘗試有趣的對話。

談論嚴肅或知識性話題的麻煩處，不在於這些話題太大，而是營造一種聰明的印象——通常以犧牲對方為代價。你的目標應該永遠是建立在連結對方。若強迫進入某些高深話題，可能只會疏遠對方，或更糟的是讓雙方陷入競爭中，爭奪誰能說出最正確、聽起來最聰明的話。

中間談話應該在深度和簡潔之間取得平衡，不該牽涉太深入複雜或高智商的主題，也不該太深究細節。

重點整理

1. 弱點和不安全感都能當成談話的素材，並主動承認和利用不完美的地方，將其變為你的優勢。

2. 無論自己或其他人的意見，都有價值。真正的技巧，不是避開整個話題或不分享意見，而是注意自己分享的方式。

3. 一般來說，人們抗拒改變信念，這讓我們隔絕新經驗。重點是，你不需要為自己的信念辯護或解釋；同時，在其他人分享信念時，要傾聽、了解，並保持開放的態度。

4. 使用HEFE（興趣、娛樂、食物和環境）可快速開啟小聊。環境部分特別有用，因為它將焦點從我們身上轉移到外界。注意周遭發生什麼事，然後擬定一個問題或評論，幫助你吸引對方。

5. 能閒聊表示你們彼此不是敵人，但中間談話則表示你可以成為朋友，關鍵是適度和循序漸進。

第 3 章

如果好的對話是一臺機器

第 3 章　如果好的對話是一臺機器

在前文中,我們顛覆了一些常見的對話誤解:

● 別隱藏自己的缺點,試著擁抱它們。
● 比起對自己的信念、意見和觀點保持沉默,不如有自信的分享。
● 與其執著話題是好是壞,不如靈活變通,只要方法正確,不論什麼事情都能聊。
● 想成為一個好溝通者,最重要的是了解,怎麼說比說什麼更重要,態度和表達方式比你是否同意、了解或喜歡眼前的人,更有影響力。

現在,我們將深入探討會話的實際機制。如果一場好對話是一部機器,它會由什麼零件組成?如何運作?如果無法正常運作時,會是什麼樣子?

101

1 沒話說時就關機，不用勉強

美國治療師蜜雪兒・沙爾芬（Michelle Chalfant）認為，嘗試了解對話的目的，是好的開始。對沙爾芬及許多其他治療師來說，溝通的主要目的，是為了滿足人類與生俱來的歸屬需求。說話是為了建立連結，因此，如果想盡可能產生連結，我們必須善於滿足他人的歸屬需求。

仔細觀察，你能發現溝通背後的目的，例如分享資料、解決問題、被看到聽到、被尊重、包容和肯定，以及歸屬感和貢獻被人接受，都是間接滿足深層情感需求。

無論在任何時候，務必牢記這個最終且最深層的人類需求。

第 3 章　如果好的對話是一臺機器

現在我們可以思考構成大多數對話的四個關鍵要素：詢問、提供資訊、邀請及建議。

堅持這四要素有個很大的好處，就是減輕壓力。

不需要擔心其他事情，例如娛樂、說教、說服、讚美或吸引對方。當你話說到一半時，焦慮有時會讓你覺得聚光燈打在自己身上，而不斷流逝的時間，使你更不知所措。這時你可能認為應該說些機智、聰明、好笑或有趣的話，而且說話速度要加快。事實上，不需要這樣做，如果感到困惑，只要運用下面其中一個元素，然後繼續說下去。

1. 詢問

想輕鬆交談，就要善用詢問。包括提出低壓力、直截了當，且不會過於私人的問題，藉此讓對方感到自在。

美國臨床心理學家艾咪・達拉姆斯（Aimee Daramus）建議，詢問音樂喜好、電視節目，或專業背景，因為這些話題通常可以輕鬆回應。在社交場合

中,也可以問人們如何認識彼此,或活動中的經驗來開始對話。這些話題裡,幾乎不存在威嚇、疏遠或冒犯他人的風險。有效運用這個元素的關鍵,在於避開封閉式提問(幾乎只能回答是或否),還能鼓勵人們擴展話題和闡述分享想法。

沙爾芬建議使用問題作為尋求建議的機會,特別是當對方似乎不願意分享個人細節時,透過簡短的情境,例如需要購買廚具或觀賞好節目,能使對方提出自己的見解和建議,促進更生動的交流。不僅他們會覺得自己的觀點和貢獻受到重視,而且你也會讓事情順暢進行,不讓任何人陷入困境。

2. 提供資訊

包括分享關於自己的有趣小故事,以及提供自身意見、觀點和信念。達拉姆斯建議分享與自己的專業或嗜好的相關經驗,並以趣聞軼事引出進一步他人追問。舉例來說,技工可以分享修車時遇到的幽默事件,老師則可以敘述令人難忘的意外課堂經驗。將有趣的事情講得簡短和帶一點神祕,可以邀

第 3 章　如果好的對話是一臺機器

請其他人並分享故事或提問，使對話流暢起來。

分享個人小故事，不僅可以促進對話，也能減輕雙方討論不熟悉話題時的壓力。

如果覺得害羞或難以開始，可以事先準備一些趣聞或回憶，包括有趣的童年回憶或關於自己的最新發現。此外，也可以考慮親手做一道菜餚來聚會，並分享製作背後的故事，或者討論電視節目，並詢問他人的觀賞喜好。

在商業領域中，總是建議人們要做到電梯簡報（Elevator Pitch），也就是簡短說明他們是誰以及專業是什麼。在不熟悉的社交場合中，創造自己的非正式電梯演說，也不失為一個好主意。

不需要寫太多講稿，只要準備適合該場合的方式，簡單說明你的身分即可。舉例來說，如果你要參加一場盛大的婚禮，請花一點時間排練一段簡短的電梯簡報，告訴人們你是誰，以及你與新娘或新郎的關係，或許再說一些你如何前往婚禮場地的趣聞，或自己如何認識這對新人的可愛故事。

3. 邀請

社交焦慮和害羞會讓我們過度專注自己在對話中的貢獻，介意自己在別人眼中的形象。但根據達拉姆斯的看法，有一種被低估的社交技巧，就是**注意有沒有人看起來很安靜，卻想貢獻**，例如正開始說話或看起來很投入的人，邀請他們發表意見，會讓對話感覺更自然、更平衡。當你選擇刻意包含他人時，會發生兩件事：

● 你的焦點會立即從內在轉移到外在，比如，從自身不舒服或尷尬感，轉移到其他人。讓眾人目光從你身上移開，降低你的自我意識。

● 你會表現出同理心、善良和體貼。人們喜歡機智迷人的人，但更喜歡善良體貼的人！

如果你在聚會中注意到有人獨自站著，可以用貼切的評論或簡短的軼事接近他們，不要讓互動變成只在談論自己。例如，分享在聚會中感到孤獨的

第 3 章　如果好的對話是一臺機器

時刻，並讓他們分享自己的想法，一旦他們敞開心扉，再表達理解或展現同理心，可以進一步加強彼此的連結，讓對話變得更自然且舒適。

以這種方式主動把他人拉進對話，會完全改變你的參考框架，你不再是焦慮的局外人，而是社交場合中積極、自在的參與者。那些受歡迎且能自在社交的人，通常會自然而然做到這點，他們能如此迷人和吸引人，正是因為他們並不過分注重於自身和自己的外表。

擔心自己在別人心目中的形象，等同於把主導權交給他人（按：像是情緒易受影響等），也是我們在心裡排斥自己、認為自己不屬於團體的一種想法。但當你轉換焦點，好奇如何能讓別人有歸屬感時，就會發現自己在社交中變得更大方、輕鬆且自在。開始執行後，就能在社交場合中有歸屬感，而且你的存在甚至可以改善社交場合！

讓他人參與談話不一定要嚴肅。讚美、用心聆聽以及對他們帶來的價值感到好奇，也屬於這一類。無論稱讚某人的氣質或欣賞派對上的裝飾，真心的讚美不僅能讓對方感到驚艷，也會讓自己感覺很棒。

4. 建議

提出建議，會讓即使是很棒的一段對話，最後也會失去動力，或有點重腳輕。但提出不同建議，可以積極引導事情朝不同方向發展。舉例來說：

- 建議玩遊戲或再喝一杯，以保持互動的活潑性和吸引力。
- 場景轉換——散散步或換個地方繼續討論。
- 當你注意到棘手或令人不舒服的話題出現時，溫柔的將話題帶離這些主題。
- 建議一個新的話題，把事情說得更深也更遠，或如果事情變得太激烈，你可以退一步並休息一下。
- 若在某場合中突然陷入一陣沉默，你可以透過對話，把眾人的注意力引導到某人身上，並詢問他們的意見，這個技巧結合了建議和邀請兩種方式。

第 3 章　如果好的對話是一臺機器

如果你覺得社交和閒聊不容易，可能會注意到談話開始失去動力，並感到恐慌。擔心自己無話可說，開始懷疑對方是否覺得你或對話內容無聊。事實上，**所有對話都有其生命週期和流程**，互動過了高峰期，開始逐漸減弱是正常的。與其擔心這種結果，不如把它當成一個提示，提出一個新的方向、話題或活動。

不要害怕當下的對話該結束了。注意到互動即將結束，沒有不對。通常人們不喜歡閒聊，是因為覺得被困在永無止境的談話中，熱情消退後，還要不斷想出新話題。

允許自己優雅且有禮貌的結束談話。這不僅顯示你有自信心，也可能讓你免於雙方顯然都想退出，卻不知如何告別的尷尬場面。

2 溝通能力與個性內向無關

暢銷書《為什麼我們這樣對話，那樣生活？》（Supercommunicators）作者查爾斯・杜希格（Charles Duhigg）是溝通專家。他說，與人們普遍的想法相反，**一名超級溝通者，並不一定與他的人格特徵（如魅力或外向）有關**。

杜希格的研究指出，只要願意了解並應用對話的動力，任何人都可以培養強大的溝通技巧。超級溝通背後的大祕密，就是表現出積極與他人建立連結的真誠和興趣，我們可以從他的著作中得到主要啟示：超級溝通者了解對話類型。

人們為什麼要溝通？有什麼意義？答案顯而易見，是視情況而定。

第 3 章　如果好的對話是一臺機器

人類因各式各樣的原因需要溝通，也就是說，有多少溝通原因，就會產生多少種對話形式。有些人甚至會說，每一次對話都獨一無二。因為超級溝通者深知這個原則，所以他們也了解，掌握遊戲規則及對話是他們的工作。

熟悉各種對話模式，對於掌握連結方式至關重要，它可以幫助我們與他人建立真實、愉快的關係，即使這些關係只是與陌生人閒聊的片刻。

透過認知這些模式，並發展、駕馭其技巧，就能在對話中，讓自己的意念與他人保持一致，獲得新的洞察力，彼此的連結會更有意義。讓我們覺得自己被看見、被聽見，問題得以解決，摩擦得以緩和。

現在，嘗試回想你最近的三次對話，即使是簡短或表面的對話也沒關係。自問那段對話的目的是什麼？它為什麼存在？有達到目的嗎？

從功能和目的角度來思考，某些方面可能會覺得違反直覺，但它可能會讓你開啟一個全新的世界。無論是交換資訊、分享個人經驗或處理人際關係，了解每次對話背後的深層意義，都能給你一種神祕超能力。

首先，認識三大類型的對話（也就是想要達到的三種不同目的）。當然

有些對話的目的不只一種,有些對話可能非常獨特,專屬特定環境中特定的人。但無論如何,所有人類互動,都可以大致歸類為以下其中一種:

1. 資訊型與實用型對話

該模式主要是交換資料,通常為了實用的任務、目的或目標。特點是沒有強烈情緒,且專注於外在的話題。包括問路、徵求工作相關問題意見、討論合約,甚至在餐桌上遞鹽都算。雖然資訊型對話通常很實用,但這不表示它們完全沒情感或不會建立融洽的關係。事實正好相反,**流暢的實用型對話可以培養出連結感和歸屬感**,尤其是在討論共同的興趣或嗜好,或一起解決問題時。

這種對話的關鍵點在於,它圍繞著外部事件和想法的兩個人之外,既不是深入探討、分析個人情感或關係,也不是抽象猜想。最終目的是在對話在早期階段,許多對話可能會自然而然陷入這種模式,驅動它的動機是希望聽起來知識淵博,並找到共同點。人們可能會討論一個共同的參考點,而這

第 3 章　如果好的對話是一臺機器

個外部主題就像對話者之間的代理人。

如果認為這種對話方式層次較低，那就大錯特錯。資訊型或許會被視為缺乏深度或刺激，但如果對話內容不夠具體、實用，世界就會變得過度緊張和混亂。儘管模式並非一成不變，但整體而言，傾向於這種對話方式的男性多於女性，而某些年齡、性格類型或背景的人，可能會偏好較實際接觸。

進行資訊模式的對話時，優先考慮清晰和簡潔，才能有效交換資訊。將討論焦點放在手邊的實務事項和任務上，同時承認共同興趣或嗜好的價值。以具體的方式思考（何時、何地、何事、如何），並將焦點放在外部環境上，最好是當下正發生的事。

2. 個人或情感型對話

個人或情感型對話模式，更深層、親密進入我們的生活中，促進連結和歸屬感。就像資訊型一樣，目的也是為了分享資訊，但該模式的重點不在資訊本身，而是分享資訊時產生的連結感。

與著重於外在主題的資訊型不同,這種模式主要分享內在經驗,例如情緒、觀點和感受。特點是輕鬆、安全的氣氛,通常與可信賴的朋友,或在有同情心的環境中(如支持團體等)。

人們會在這時敞開心扉,談論他們的喜怒哀樂和遇到的挑戰,尋求共鳴、理解和友誼。包括討論失業、照護責任、令人興奮的新體驗或親密關係。身為傾聽者,我們會很自然傾向於安慰或建議那些分享故事的人,而想促進更深層次的連結。

這時,接受能力和同理非常重要,因情緒性的對話可以使人很輕鬆──例如,陳述一段美好的童年回憶,或一個無關緊要的祕密。

然而,在這種模式下,說話者和傾聽者也可能會感到不舒服。這種對話方式不一定更優越或總是合適,即使在適當的情況下,依然存在風險。如果說話者的故事未如預期般受到歡迎,可能會感到脆弱或失望,而傾聽者可能會在急於轉換話題的情況下,不知如何回應。

此外,保持雙方的情感強度一致也可能頗具挑戰。儘管如此,擁抱個人

第 3 章　如果好的對話是一臺機器

或情感模式的交流方式,能促成更深層連結。

練習積極聆聽與同理心,確認說話者的情感與經歷,並透過真誠分享自身感受來回應這種脆弱的情緒,同時在不加以評判的情況下,提供支持。

當你傾聽時,想像有兩股資訊流:一是對方傳達的事實,另一條則是隱藏在這些事實之下的情感。在較個人化的對話中,訓練自己先聆聽,再回應情感內容。

3. 關係型會話

涉及關係或對話動態本身。這是後設溝通（meta-communication）,目的是討論關係本身,並將溝通當作一種工具,以幫助雙方達到期望目標。事實上,這類型的許多對話都圍繞著目的,以及各自目的的不同時,將如何造成誤解或衝突。舉例來說,本書實際上是作者與讀者之間的一種關係型對話。

三種對話類型中,這種可能最不常見,但如果使用的話,可能對整體關係產生最大影響。

無論對方懷著興奮還是恐懼互動，當你需要直接評估溝通的成效並期望達成一致時，這些互動都必不可少。關係對話需要高度的智慧才能有效運用，像其他形式的對話一樣，也要看時間和地點。

在最簡單的形式中，關係模式包含將注意力引導至互動本身，而非關於互動時的情緒或特定的具體細節。例如，一對夫妻在星期五因為洗碗機而發生爭執。過程中，雙方情緒激動，各自從自身觀點和情感出發表達立場。

到了星期六，兩人稍微冷靜下來，其中一個人問：「我們可以談談昨天發生的事嗎？」如果其中一人因為碗盤有無放進洗碗機這種細節感到憤怒，而另一方則選擇忽略這點，專注於彼此爭執重點的話：「你經常批評我做一些你自己也會做的事，然後我們就會陷入這種爭論。我們是不是能好好討論一下怎麼用更好的方法反饋給我？我不想老是感到這麼防備。」

關係型對話通常發生在轉型期間，例如洽談商業交易或處理個人關係。它們也可能自動出現，以解決事情、衝突、讚賞或隱藏的感受，其實這種分析，在對話治療中很常見。

第 3 章　如果好的對話是一臺機器

知道何時以及如何轉換成這種關係模式，是一種寶貴的技巧，不需要很深入和嚴肅。以第一次約會不順利為例，因對話不順暢且話題力道不足，你可以說：「是我的問題，還是這裡的氣氛有點不對勁？」這會立即將對話帶到一個新的層次，而且如果你能露出溫暖的微笑，展現真心、尊重與好奇的態度，能幫助雙方把狀況處理得更好。

以細膩的方式引導人際對話，直接探討關係或對話的互動模式。關鍵在於引導互動走向更強的共同目的和連結感。

當下可能會覺得有點生硬或刻意，但不要害怕直接表達需求、界限或欲望，同時也鼓勵對方這麼做。

3 怎麼問話，對方會想接話？

艾蜜莉經常感到焦慮，而社交會帶出她焦慮中最慘烈的一面。所有建議都告訴她：「贏得朋友、影響他人的不二法門就是多問問題」。人都說過於談論自己會很無聊，而且讓人覺得你只關心自己，所以最好表現出對他人感興趣，詢問對方的生活點滴。

目前為止看起來都很美好。而大多數人都喜歡談論自己的事，那麼提問應是很好的方法才對。

然而，當艾蜜莉運用這個策略時，效果卻不盡如人意，她也看得出來這段對話有點勉強，甚至開始覺得有點拘謹，且一點也不有趣。

第 3 章　如果好的對話是一臺機器

事實上，提問不是在哪個場合都適用的好方法。因為問題可以提出很多不同面向，也能發揮不同的功能。問題不分好壞，關鍵在於發問的時機、原因和方式。

然而，每當艾蜜莉感到焦慮時，她就急著提出問題。她問的問題不是根據對方量身訂做，也不是從對話中自然而然產生，因此讓人覺得很造作，感覺像在面試或被審問。

問題如果問得好，可以帶來深度和親密感，但在錯的時間提出錯的問題，實際上會造成更大的距離、誤解和尷尬。那我們如何區分好問題和壞問題？例如下列兩種不好的提問方式：

1. 問題不妥當。
2. 表達得很好，但在錯的時間、以錯的方式提出。

一個理想的提問，是表達好奇和興趣，或邀請對方分享自己的事情，可以推動對話，創造深度、興趣和清晰度。另一方面，表達不當的問題則無法做到這一點。例如，它們通常根本不是問題，而是偽裝成問題的陳述：

● 「你一點頭緒都沒有，對吧？」（沒人能舒服的回答這個問題，因為這根本不是問題。）
● 「你最喜歡我簡報的哪個部分？」（這是假設他人喜歡你簡報。）
● 「這很瘋狂，對吧？」（像在命令：「說你同意我的看法。」）

這類問題也許有它的用處，但無法表達出對談話有益的尊重及好奇。也許我們都有這種連自己都不知道的習慣，但不論如何，之後要避免利用問題來掩飾陳述的說話方式。

從另一方面來看，也可能因為使用方式不當，讓問題無法創造融洽的人

第 3 章　如果好的對話是一臺機器

際關係。為了更加理解這點，我們需要清楚了解問題能發揮的多種功能，並確保自己的問題是否合適，像從工具箱中選擇最適合當下的工具一樣。

1. **追蹤型問題：幫助你更深入了解**

使用追蹤型問題幫助自己更深入了解對方想告訴我們的事，並在這個過程中，向對方表達你的好奇。簡單來說，就是提出一連串問題，且問題都建立在前一個答案的基礎上。例如：

A：「你前天去加州的哪裡度假？」
B：「我們在聖地牙哥動物園待了一天！」
A：「酷！我超愛動物園。你最喜歡什麼動物？」
B：「雖然聽起來很傻，但我十分喜歡狐獴，甚至可以看著牠們好幾個小時。」
A：「噢，對！我記得你說過。你的孩子們也是狐獴迷嗎？」

B：「事實上……。」

如你所見,上述三個問題,因為都有銜接前面的回答,所以你並不覺得它們跳痛。與以下互動比較,一樣提出了三個問題,但可能讓人覺得更像在質問。

A：「你昨天去加州的哪裡度假?」
B：「我們在聖地牙哥動物園待了一天!」
A：「你以前去過加州嗎?」
B：「沒有,這是第一次。我太太年輕時去過一次。」
A：「你們的假期有多久?」

因為這些問題沒有從答案引導出下文,沒有循序漸進,也不流暢,只是直接進入到下一個不相干的問題,所以讓對方覺得沒有真正被聆聽,或正在

第 3 章　如果好的對話是一臺機器

被盤問。

如果某人只用這種發問方式，被問的人會覺得自己被迫分享，而審問者卻理所當然不分享任何東西，造成一種微妙的權力失衡或偏移的感覺。如果想讓他人透露自己和生活，相同的程度上，分享自己也是一種禮貌，這樣才不會讓別人覺得他們被放在聚光燈下審視。

追蹤型問題幾乎在任何時都是好方法，但盡量避免連續提出太多問題，以三個問題為限。

此外，也要避免無止境追問瑣碎的細節，否則會讓人覺得自己迂腐無趣。觀察人們認為特別生動和感性的主題，並針對這些主題發問。

2. 直接型提問：收集特定資訊

當你正在尋找直接的答案或特定的資訊，請使用直接型問題。如果你需要知道事實或想澄清一些細節，請保持問題封閉且直接切中重點：

- 「派對上發生什麼事?」
- 「你什麼時候到辦公室?」
- 「車鑰匙在哪裡?」

但請注意,當某人在表達情緒時,不宜使用這個方法。例如,如果有人養的狗去世了,回應他們的悲傷並哀悼時該說:「我很遺憾,你還好嗎?」而不是探究事實和細節說:「牠怎麼死的?」

3. 反思型問題:展示聆聽與同理心

使用反思型問題(按:激發他人調查和詢問原因和結果是什麼、因果關係、影響範圍、有何好處或壞處等)表示你正在傾聽對方,並關心他們所說的情感內容。這個說話方式不是為了獲取資訊,而是為了反映和驗證資訊,讓對方覺得自己被聽到了。例如:

第 3 章　如果好的對話是一臺機器

- 「你覺得這整個情況讓你沮喪嗎？」（溫柔的為某種感覺或經驗貼上標籤，並邀請對方分享他們的感受。）
- 「你認為他為什麼會說自己做了那些事？」（非著重於事實，而是如何看待事情。）
- 「你最擔心的事是什麼？」（回應對未來的恐懼，承認該情感內容，並邀請對方進一步討論。）

同理心和傾聽永遠都具有價值，但如果你的互動是簡短、專業、實用的，或專注於狹隘的問題和解決方案，請避免探究情感問題，否則可能會被視為一個差勁的傾聽者。

4. 總結與確認

提出總結型問題（按：讓他人以自己的方式提出主題、核心概念、核心思維理解，並展開更深入論證）重複受訪者提供的資訊，讓他們有機會檢視

並澄清答案。此問題類型也具有雙重功能，可顯示你在傾聽和注意。

假設你和某人聊了五分鐘，對方分享了一些關於自己打算購買的新車的優缺點，最後你說：「聽起來你是在考慮買一部紅色的全尺寸豪華車，要用在通勤和週末旅行？」

這個問題有兩個目的，為這個特定的主題畫上句點，並表示你正在收尾，但也向對方顯示，你不僅一直在專心聆聽，還理解並綜合你聽到的一切。上一個問題類型，可以幫助對方感到被認可。在發生衝突或誤解的情況下，這種類型的提問，則能向對方表達出你希望公平合理的態度，以及有興趣了解對方的想法：「讓我確認一下我是否理解正確。你是說，因為部門之間溝通不善，所以造成這個問題，對嗎？」

總結性問題最好是在有需要總結的事情時才提出，避免非常簡短和膚淺的談話中使用。

5. 不相關型問題：填滿空檔

使用與前述話題無關的不相關型問題，作為緩衝或對話的潤滑劑，可以緩和緊張氣氛、提供休息或收集間接資訊。很多人認為這種提問方式的價值較低，因為膚淺甚至會分散注意力，但這正是它的力量所在。

可能在等公車或看醫生時，隨口提出的問題。人們可能當下沒有心情討論最相關的事情（例如公車遲到有多煩人或某人正陷入尷尬時），這時，不相關問題可以幫上忙。讓互動保持溫暖和友善、讓談話暢順、建立輕鬆的關係，而且不會太深入。

- 「你在這家公司工作多久了？」
- 「閒暇時間你最喜歡做什麼？」
- 「近期有什麼休假計畫嗎？」

我們要注意的，是避免在對話進行得很順暢時，問這種填空式問題。如

果你隨意轉換淺顯的話題，打斷良好的對話，對方可能會覺得談話被縮短。舉例來說，當對方正興奮的與你分享個人事情時，你突然問關於天氣的問題，可能會讓人覺得被打斷或缺乏興致。

6. 偵測欺騙或不一致的情況

當你已知道答案，但想要評估受訪者的真實性、注意力或行為時，你可以使用控制型問題：

- 「今天和帕米拉的績效評估結果如何？」（你知道結果，只是想聽他們有什麼看法。）
- 「你怎麼處理丟失的檔案？」（你知道他們弄丟了，但想聽他們如何解釋。）
- 「你有參加上星期的訓練課程嗎？」（你知道他們參加，但想以此做為主題開始談話。）

128

第 3 章　如果好的對話是一臺機器

有時候，這類問題可以在衝突時使用，以建立和確認某些細節，或尋求對事實的共識。例如：「你星期二去找的時候，檔案就已經弄丟了？」

然而，我們得注意，這是非典型的閒聊領域！避免在不認真的對話中，像偵探一樣問「到底發生了什麼事」。面對幽默和輕鬆的內容，最糟糕的反應就是把事情看得太嚴重。

正如你看到的，在某種情況下有效的方法，放到另一種情況中可能完全不適合。下次當你以任何形式與他人對話時，留意自己被問到的問題種類，並思考這些問題的功能：對方為何要問？他們是真的在尋找資訊，還是表現友善並對你感興趣？他們想填滿空檔打發時間，還是想刻意收集更多情報，更加理解你？

同樣的，想想哪種問題最符合你所處的情況和你眼前的人。當艾蜜莉學會這些工具時，她意識到自己遇到的大部分尷尬情況，都由於問題風格不匹配造成。舉例來說，有人可能在分享個人趣事，但她就會探討過多細節或盤

129

問事實。另一方面，當對方只是想快速交換一些有用的資訊時，她可能沒眼色的以親切、關心的問題，表達同理心。

無論談話多簡短，記得先快速評估這段對話的整體目的，決定你要做什麼，並根據它選擇你的問題。

重點整理

1. 大多數對話構成要素構成要素，包括：詢問、提供資訊、邀請及建議。如果你的談話能成功包含這幾點，就不會產生太大的壓力。

2. 告知，分享關於自己的有趣花絮、意見、觀點、信念和趣聞軼事；邀請，刻意吸引其他人參與互動；建議，以某種方式推動對話，或提出一個新方向、主題或活動，也可以結束對話。

3. 對話目的主要有三種類型：資訊型與實用型（具體、外部事件）、個人或情感型（感受和內心體驗）和關係型（反思關係的動力）。

4. 問什麼問題，取決於你想達到什麼目的。其功能包括：幫助理解、收集資料、表達同理心和憐憫、總結和確認、填滿空檔和製造愉快的心，或偶爾用來偵測對話是否存在欺騙。問題本身沒有好壞之分，關鍵在於發問的時機、原因和方式，並注意問題的類型和功能。

第4章

回應的藝術：
別急，先等三拍

第 4 章　回應的藝術：別急，先等三拍

與流行的建議相反，**你的缺點、意見和個人信念**，在日常會話中占有一席之地。事實上，經過練習後，你會開始認為這些東西**不是良好談話的障礙，而是必要成分**，甚至是一套超能力。

同樣的，沒有正確的話語，也沒有最好的問題，只有適合那個人、那場對話、那個時間和地點的提問。

培養流暢對話背後的一大技巧，就是能清楚知道何時該分享或請求意見，何時該保持事實、稍微深入情感和個人觀點。

在本章節，我們將進一步探討會話「甜蜜點」的概念，也就是對話呈現變化多端、生動活潑的完美流暢狀態。

1 舊話題也能有新角度

一場流暢的對話會讓人覺得幾乎是魔法,而且很難確切指出為什麼談話會如此順利。

幸運的是,有些工具可以幫助我們在聊天時,刻意創造這種流暢感。其中一個工具是「FOOFAAE」:感覺(Feeling)、觀察(Observation)、意見(Opinion)、事實(Fact)、行動聲明(Action Statement)、自傳(Autobiographical)和事件(Event)。它為我們提供結構,確保談話中包含大量不同元素。

優秀的對話者可以完美整合這些類別,而差勁的說話者則可能過於依賴

第 4 章　回應的藝術：別急，先等三拍

其中幾個類別。重點不在於其中任何一個元素好或不好,而是如何流暢轉變使用不同元素。

這個方法很容易使用,當你與人聊天時,注意過程中引導對話的語調和方向。比方說,你正在和某人聊到他們的狗。使用這套工具,你可以選擇以下方式:

- 感覺:我超喜歡你的狗。
- 觀察:你有一隻很乖巧的狗。
- 意見:我認為巴哥犬是最棒的小型犬。
- 事實:我讀到巴哥犬通常⋯⋯。
- 行動聲明:我想領養一隻像這樣的狗。
- 自傳:我哥哥也有一隻巴哥犬⋯⋯。
- 事件:你有聽說法蘭克上個月領養了一隻狗嗎?

在上述例子中，說話者分享了自己的意見、觀察。你也可以使用這個方法引導自己想提出的問題，或評論自己對他人的意見、感受等。讓我們看另一個例子，這裡我們可以更專注於另一個人。比方說，你在派對上遇到一位陌生人，他提到自己剛賣掉房子，希望下個月能搬進新家。

● 感覺：哇，我猜你對完成這件事感到如釋重負！
● 觀察：兩個月？聽起來過程很急促。
● 意見：順便問一下，你怎麼找到你的房地產經紀人？
● 事實：顯然那區的平均房價在過去一年中，上漲了二〇％。
● 行動聲明：那你們接下來有什麼打算？
● 自傳：這是你們第一次搬家嗎？
● 事件：我聽說那條路上裝了新的路燈。

感覺是與自己的喜好、感受、期望、希望、欲望等有關的簡單意見；觀

第 4 章　回應的藝術：別急，先等三拍

察通常是比意見更客觀的陳述；事實是資訊或知識；行動的評論（包括未來可能發生或過去的行為）；自傳涉及個人細節、故事等；事件是過去、現在或未來將發生的事。

對聽者來說，上述所有對話都像「閒聊」，但實際上它們彼此迥異，而且會產生不同的反應。從表達喜好到分享知識或開始行動，每個類別都有獨特目的。有幾種方法可以將 FOOFAAE 應用在日常生活中。

1. 清楚自己的會話傾向、習慣和偏見

我們可能不知道自己有這些習慣，例如，自己總是只評論事件，但從不分享個人觀點或感受。不過，當你察覺這點，就有機會在對話中參雜其他素材，讓內容更加多元，使社交互動變得更流暢且具平衡感。

2. 不知道聊什麼、換話題

當你不知道該說什麼，或者是感到能量和動力不斷在流失時，參考

FOOFAAE，看看缺少哪些交談元素。

許多對話停滯不前，是因為對話焦點過於狹隘。舉例來說，困在來回分享事實和細節上，並發現談話很快就變得沉悶。意識到這點後，可以藉由轉換意見、感覺或行動，以增加新鮮感。像這樣巧妙轉換話題，可以幫助對話不陷入僵局。

3. 根據交談對象調整自己的評論

處於甜蜜點，意思是與某人及當下的話題深度互動。當你的評論具有策略性且具體時，能快速讓自己投入話題，而對話也會變得更有趣、真誠。舉例來說，如果你認為這次交流最好保持在較淺層次，可以刻意多評論事實和相關事件。在工作環境中，這麼做能巧妙傳達出專業感和沉穩，從而營造融洽與和諧的互動氛圍。

又或者，有一天你在校門口和其他家長聊天時，意識到當下的情況適合加入一些個人經歷或行動相關的評論。你的小聊主題可能圍繞著孩子、他們

第 4 章 回應的藝術：別急，先等三拍

正參與的活動，以及未來可能發生的事。

再舉一個例子，假設你與交友網站上認識的人簡單聊天，但內容過於就事論事，可能會讓人覺得有點不近人情。在這種情況下，可能需要更著重於感覺和意見的評論，有助於營造順暢、自然的對話氛圍。

4. 將它當作一種診斷工具

當對話不順利或不流暢時，你可以快速退後一步了解原因──會不會與自己剛剛的評論或陳述有關？例如，假設你正和一位剛認識的人聊天，而且談話進行得很順利，但突然出現了一個尷尬瞬間。

這時要自問，在這種尷尬前發生了什麼事？說了什麼話而導致？再進一步想，你是否注意到與這個人有沒有任何持續出現的模式？你或許無法單獨使用FOOFAAE診斷問題，但你可能會發現互動出現轉折的微妙原因。例如，在你說出想法或意見後，可能持續出現沉默。注意到這點後，你可以改用其他類型陳述，並觀察對話是否因此順暢。你現在更了解這個人、他們喜歡的

溝通方式、雙方互動的共同背景和期望。

天生擅長與他人相處的人，能在不知不覺間，憑直覺做出微妙的轉變和調整，讓對話保持流暢，較少讓自己陷入尷尬或正面衝突。它是一種能力，讓你持續意識自己正在做什麼，並知道如何即時改變，以達到不同的成果。

因此，我們必須了解面前的人想怎麼溝通。有人喜歡聊嗜好、時事或當下正在發生的事件，而有人則喜歡談感情；有人會回憶過去；有人想談未來的計畫和準備行動的事；有人喜歡保持抽象和理智，有人則希望保持具體和果斷。

對話流暢不是要求雙方的想法和溝通方式一致，它需要的是保持彈性和願意留在當下的態度。如果與你談話的對象看起來很無聊，你不必改變主題，而可以試著改變對話角度。

舉例來說，你正在和一個不關心運動的人聊天，而你注意到帶入該話題會尷尬。沒關係！你還是可以繼續聊運動，但要改變談論方式。例如，不要說昨晚看的球賽（事實、事件），而是轉為談論為什麼你這麼喜歡這項體育

第 4 章　回應的藝術：別急，先等三拍

（感受、意見），或它是如何成為你家中週日傳統的一部分（自傳）。以這種方式思考，可以讓你發現舊話題的新角度，以連結關係和談話順暢為中心，而不是過度停留在話題本身的細節。靈活、好奇、願意與對方交流，代表你能很快進入一場引人入勝的對談。繼續以運動話題為例，內容包括運動愛好者的心理、棒球對國家身分認同的重要性，或體育背後令人難以置信的大生意小細節。如果處理得當，這段閒聊可能會成為你與厭惡運動的人之間，最有趣的體育對話！

重要的是，建立流暢對話需要時間和練習，即使自己已掌握 FOOF AAE 技巧。很少有人能保證每次談話都完美順暢，尤其在與不熟悉的人交談時。這就是為什麼需要管理自己的期望值、永遠保持開放、樂於接受的心態，並對自己和他人保持耐心。對你面前的這個人，他能教導你並分享的有趣事物，帶著好奇並調整說話方式，以幫助你發現那塊寶石。

2 類比和對比，表達更生動

A：「你最近怎麼樣？」
B：「我還好。你呢？」
A：「很好。」
B：「天氣不錯耶。」
A：「今天天氣好極了！」

你有沒有這種經驗，與他人說到最後，卻不確定雙方到底說了什麼？話雖說出口，但似乎沒有意義。話題普通且沒有生命力是閒聊的最大風險，但

第 4 章　回應的藝術：別急，先等三拍

是當**正確用詞時，語言能擁有非凡的力量。**

正確的言詞能塑造觀念、影響決策並建立關係。無論是隨意閒聊，還是求職面試或浪漫邂逅等關鍵時刻，用字都是我們互動最重要的基石！

想想對話中，精心挑選字詞帶來的影響。在如第一印象等非常重要的場合，在適當的時間點說適當內容，就能大幅改變互動的走向。選擇妥當字詞，都可能吸引他人（也可能冒犯、混淆或疏遠他人）。

無論是注入幽默感、喚起情緒或引發好奇心，選擇妥當字詞，都可能吸引他人（也可能冒犯、混淆或疏遠他人）。

正如前文說的，閒聊不代表膚淺、無聊或無智。舉例來說，將某人的口氣形容為「難聞」與「噁心」，或將它比喻為「狗糧」，甚至是「過期的魚派」。每種變化都會增加意象和個性層次，將平凡的觀察轉化為令人難忘的軼事。

一般而言，用對詞語，可以潤滑社交互動，並促進友情。在活動、派對或咖啡廳等休閒場合裡，小聊的藝術絕大部分取決於巧妙運用文字的能力。

如果你只能用幾分鐘或幾個字給大家留下印象，何不明智選擇這些字眼？以

下有幾個實用的方法，讓你在輕鬆的對話中，提升用字技巧：

1. **用生動語言，提升平凡描述**

透過豐富多彩的語言和類比，將平凡描述轉化成吸引人的敘事。與其老用「還不錯」等常見用詞，不如多換字，使用「令人愉悅」、「令人滿意」或「整個早上發生最棒的事」等。透過有趣的字眼、生動的意象和意想不到的形容詞，讓對方停下來並注意。

2. **運用文字技巧和創意**

在對話中加入意想不到的轉折，嘗試使用不同單字和詞語組合，這種輕快的樂趣能感染他人，並傳遞出輕鬆自信的訊息。

例如，想說「我需要洗衣服」時，你可以改說：「是時候馴服洗衣怪獸了！」這種俏皮轉變，能為平淡無奇的家務事增添樂趣和創意。突然之間，交談互動中就有了全新和獨特的東西。

第 4 章　回應的藝術：別急，先等三拍

3. 利用標籤和分類的力量

利用人們喜歡貼標籤和分類，為個人、行動、意圖或情況加上獨特的名稱。以這種方式加入標籤會增加深度，觸發與你交談者的情緒和回憶，並創造一個小團體。

無論你是自稱每天爬樓梯的習慣為「企業有氧運動」，或親暱的稱女兒為「說悄悄話的松鼠」，這些標籤會讓平凡的事物變得更有趣且令人難忘。而且能讓你用以溫和、間接的方式，同時巧妙表達自己的意見和觀點。

4. 對比能加強對話力道

使用對比，可增加對話色彩和層次。在陳述中加入對立元素，就能創造生動且有趣的角度。無論比較經驗、觀察或喜好，對比會自然吸引人們加入談話，且讓對話更有說服力。例如，不要說：「我一直都有養狗。」而是加上對比：「我一直都有養狗。養貓對我來說恐怕太難了！」

其他例子，還包括：「孩子就是我的全世界。當然，我每天還是想掐死

他們。」、「我報名今年年底的馬拉松比賽。雖然還沒找到適合的慢跑鞋,但我覺得我有進步。」

現實與期望、你的行為與他人的行為,或正常與極端經驗,這些都能拿來對比。他們可以增加你對話的深度,使對話更立體、真實且有意義。

請記住,**談到自己的缺點和弱點時,重點不在於它們是什麼,而是你對它們的態度**,以及你選擇如何向他人透露你的這一部分。同樣的,談到意見和信念時,沒有什麼話題是不能說的,因為重點不是你想或相信什麼,而是如何表達。

如果方法正確,政治、金錢、宗教和性都可以是安全且成功的話題:

- 「這個月手頭很緊。我一直告訴我的貓要找份工作,一起分擔帳單,但牠的英文不太好,從不聽我的。」(以幽默增添色彩和輕鬆感。)
- 「如果祂真有上帝,他可能很喜歡偷聽這種談話。」(俏皮又輕鬆,而不需要提出任何嚴肅的神學主張。)

第 4 章 回應的藝術：別急，先等三拍

- 「約翰是同性戀嗎？他交過大約一萬四千個女朋友，所以我覺得看起來不是……。」（微妙的話題被明顯的誇張手法闡述。而實際上能幫助自己避免說出可能令人反感的話。）

- 「我完全明白你的想法。就我個人而言，我比較偏向保守派，但我們的想法還是有很多重疊的地方。」（認真且自在坦承政治上的差異，但選擇把重點放在相似性上。）

另一方面，即使你談論世界上最普通、最常見的話題，但若表達方式笨拙或無聊，仍會引起反感和尷尬。即使一個人只是在談論天氣，如果語氣充滿敵意和負面情緒，也可能讓對話變得尷尬，甚至不愉快。

3 不必一次把所有事說完

莉亞一開始在養老院工作時，很害怕與老人互動。她討厭閒聊，也無法忍受數小時乏味的老人話題。她認為自己是一個非常有活力、幹勁，而且興趣廣泛的人，內心其實不希望安靜的坐在一旁，看他們無聊談論孫子或健康問題。

莉亞沒想到的是，她很快打破自己的假設。她與養老院的住客交談時，發現每一位都很迷人，不僅對話不無聊和不可預測，而且在很多情況下，她覺得自己才是那個最沒趣的人！

第 4 章　回應的藝術：別急，先等三拍

你上次從某人身上學到新東西是什麼時候？你上次在對話中覺得「哇，真有趣，我以前從來不知道」又是什麼時候？可能已經很久以前了。

如果我們都非常誠實，承認自己對其他人抱持假設和成見，那麼，你便能發現所有這些想法和信念，都會讓我們覺得自己討厭閒聊。只是這些偏見不容易承認，而且它們也包括「其他人根本沒那麼有趣」的想法。

你是否曾經暗地裡覺得其他人都比自己笨？他們的意見和觀點都可以預測到，品味也很普通？這些都很正常，人們會想像自己的內心世界是豐富、獨特和特殊，而其他人相對沒那麼有趣。

因此，我們可能會斷定某人是哪種類型，以及他會說什麼、做什麼，卻從來不仔細聆聽，直到發現自己對他的刻板印象是錯的。

由於內向、害羞或社交焦慮，導致我們經常避免與其他人深入交流。這表示我們只了解自己，或只了解極少數與我們想法接近的人。至於其他人，因為我們不認識他們，於是認為他們缺乏深度。不知不覺間，我們越來越只把別人當配角，一群我們統稱為「其他人」的統一群體。

但每個人都是獨一無二的個體，他們的內心世界和我們一樣豐富且複雜，一樣重視自己的經驗和觀點。一旦人缺乏社交，可能就會忘記這一點。

因為我們沒有積極接觸他人，所以開始假設人們的想法和感受。

那些在社交上很成功的人，都有一個真誠的信念，那就是每個人都有價值。無論對方是誰，都有可能從他身上學到東西。誠實自問，你是否對他人抱持負面偏見，這些偏見會導致你低估他人。

接下來，我會分享一些技巧，雖然看似簡單，但成效會讓你驚訝。

1. 在別人說完話後，等三拍再回應

別人說完話後，請等三拍後再回應。三拍可能感覺不長，直到你真的身處對話中，才會覺得其實很漫長。請注意，不是準備好你的回應，然後等待三秒後說出來。而是等足三秒，然後才開始在腦中整理自己的想法。

以這種方式刻意創造停頓空間能讓對方繼續展現話題，進一步表達自己，同時也讓我們有時間真正理解聽到的內容，而不是匆忙回應。人們常會

第 4 章　回應的藝術：別急，先等三拍

急著搶在對方前說話，結果往往只聽到話語的片段，誤以為已經理解對方的意思，然後急著插話，而對方其實還沒真正說完。

傾聽是為了理解，而不是為了回應。在當下確實放慢速度，不要光想自己準備回應什麼。停頓才能發現，對方其實還沒表達完，甚至可能會察覺他們想表達的和自己以為的不一樣。

大多數人都習慣被打斷或被搶話，因此停頓三拍，足以表現出真正的傾聽和關注。每個人都有值得說的內容，給他們空間發表，他們一定會感激你的耐心與尊重。

2. 問題與陳述的比例為三比一

有個老套但一〇〇％正確的至理名言：你有兩隻耳朵和一張嘴，所以傾聽的次數是說話的兩倍。事實上，你可以讓這個比例更加偏向傾聽，例如：提出的問題數量約陳述句的三倍，也就是將問題與陳述的比例維持三比一，每發表一次陳述，就提三個問題。

A：「這個週末我過得很充實，我去爬山了。」

B：「山上天氣如何？」

A：「事實上，比我們想像的還要冷⋯⋯。」

B：「真的嗎？真糟糕。你和誰一起爬？」

A：「我們全家人，爸媽和兩個兄弟。」

B：「你的兄弟不只一個？」

A：「沒錯！我有三個兄弟和一個妹妹。我們是大家庭。」

B：「真好，我是獨生子，一直希望有哥哥或姊姊照顧我！」

在這個範例中，B提出三個問題，而這些問題都經過深思熟慮並跟進前面敘述，讓對話快速進展。問完三個問題後，B才分享一個關於自己的事。

但你不需要一次只提出一個問題。你可以一次問兩個或三個，也能將問題和評論夾在一起，重要的是整體比例要大致相同，例如：

第 4 章　回應的藝術：別急，先等三拍

A：「這個週末我過得很充實，我去爬山了。」

B：「山上天氣如何？你自己去的嗎？」

A：「不，我和家人一起去。我們在小木屋裡住了兩個晚上，通常小木屋裡都很暖和，但這次卻是低於零度⋯⋯。」

B：「噢！老實說，我是個都市小孩，無法住在那種地方。小木屋裡應該什麼都有吧？有沒有像樣的淋浴設備？」

A：「有有！裡面很簡單。你有沒有健行完在外面過夜的經驗？」

B：「從來沒有。我怕碰到熊或其他東西⋯⋯。」

要注意的是，比例不是死板規則，而是練習培養接受度和開放的態度。捨去那些你認為對話應該進行的方向，稍微放鬆，看看當下情況。而你也可能注意到，透過更多的專注、聆聽和發問，你會更享受對話。換句話說，讓別人發言並不是什麼偉大的犧牲。

也許你一直以來都認為，只有當自己在說話或話題與自己直接相關時，

對話才有趣或有價值。然而，練習三比一法則會讓你相信，放鬆和共享對話節奏具有某種魔力——不知怎麼的，每個人都會覺得自己更有發言權、被傾聽了。

專注使用開放式提問，不要問只能回答是或不是的問題，並尋找你還不知道的答案。注意人們對哪些部分特別感興趣、會被什麼話題吸引。

3. 不要演講或說教

當你在解釋自己、提出論點或講述軼事時，最多以三個支持句子和一個結論敘述：「我認為×，是因為一⋯⋯二⋯⋯和三⋯⋯。」然後停止，讓其他人發言。

A：「那次我們很幸運，買到便宜的票。你喜歡看演唱會嗎？」

B：「我超愛！我很喜歡演唱會的氛圍。事實上，這是我最喜歡和朋友共度美好時光的方法。只是現在大家都很忙，很少有機會像學生一樣，可以

第 4 章 回應的藝術：別急，先等三拍

一起玩整晚。」

上述 B 的回應，剛好是中小型談話的最大寬限，你可以清楚看到三個前提。B 沒有得意忘形，也沒有說太多，回答問題、解釋理由的同時，並留下許多線索讓 A 能接著說下去。

你可以把它想像成條列重點。當然，如果你與熟悉的人談論更嚴肅、深入的話題，當然可以更詳細的闡述觀點。但如果是閒聊，則應保持簡短──更像是一篇清單列表，而不是像《戰爭與和平》（*War and Peace*）的長篇巨作。如果你長期話說過多，請不斷提醒自己，**不必一次說完所有事情**。深呼吸，相信對方已經聽到你的意見，然後放輕鬆，讓對話順其自然走下去。

4 所有經驗都可說成故事分享

你認為自己擅長講故事或說笑話或趣聞嗎？你有沒有曾發現某個搞笑故事換成自己說出來時，卻一點也不好笑？

成為說故事達人並不難，只要稍加練習，你一樣能做好。雖然有些人天生就擅長講故事，但任何人都可以透過學習，將自己的生活經驗講成有吸引力的情節。

說故事達人知道內容要情感上能吸引人才有效，因此他們塑造自己的遭遇時，會刻意加入這一點。想成為一個好的說故事者，很重要的一點就是把**所有經驗都當成故事來分享**。即使你不認為自己的生活有趣，我也可以保證

第 4 章　回應的藝術：別急，先等三拍

你有很多好素材。

人們常見的錯誤觀念，認為只有偉大的冒險或傑出的學術發現，才能成為好故事。然而，即使是日常經歷，只要加以轉折並表達適宜，也令人印象深刻。

自信的人會擅長說故事，不是因為他們生活真的很有趣，而是因為他們相信自己的生活值得分享。每個人都有有趣的經歷，訣竅在於知道如何找出最精彩的部分及闡述方式。

就像喜劇演員透過重複練習精進表演一樣，編寫故事也需要長時間磨練——可以自己準備，也能把故事講給別人聽。不斷練習有助於刪除沉悶的部分，加強記憶不錯的情節。久而久之，你的敘述方式有所改善，每次講故事時也會變得更有自信，而內容也變得更精彩。

對話不該讓人像是一場表演，分享故事應是源自真正想要交流生活，而不是為了打動或取悅他人。否則，你的故事可能會讓人覺得不夠真誠或自作多情。

三元素創造精彩故事

將一段有趣的經歷轉化為一個好故事，需要一點技巧與努力。只要練習，幾乎任何人都可以成為一位熟練的說故事者。按照以下步驟，從一個精彩的故事開始，然後逐漸累積你的故事集。

說故事的方式有百萬種，但如果將事情細分，你會發現每個好故事的基本元素有三個：

- 現狀：「從前……。」這裡確定目前的狀況或信念，將其呈現在沒有任何衝突或改變的事實中。
- 衝突：「但是……。」某些事破壞或挑戰了現狀，引發緊張或需要解決的問題。
- 解決：「然後……。」解決衝突，為事件引起的問題提供答案，並導

第 4 章　回應的藝術：別急，先等三拍

向好結果。

但遺憾的是，我們常常忽略衝突，使觀眾無法完全投入敘事。讓我們看看在一般的故事中加入衝突後，現狀會變得多麼吸引人：

- 現狀：小蜘蛛爬上了水龍頭。
- 衝突：因為下雨，小蜘蛛被沖走。
- 解決：太陽出來晒乾雨水，小蜘蛛又爬上水龍頭。去吧，小蜘蛛！

如果忽略任一元素，你可能會發現聽眾在想：「那又怎樣？」讓我們應用說故事三元素，在談話中講述個人軼事。

- 現況：首先設定場景，建立軼事的現況或背景。例如：「上週末的晚餐，我決定嘗試做一份新料理。」

- 衝突：介紹故事中出現的衝突或挑戰，製造緊張氣氛或待解決問題。可能是意想不到的事件轉折或突發狀況。例如：「但做到一半的時候，我發現我缺少了一個關鍵材料──番茄。」

- 解決：最後分享如何解決衝突或狀況，從而得出結論。可能即興創作或令人驚訝的轉折。例如：「我沒有驚慌，而是發揮創意，用烤紅椒代替番茄，最後就是一場災難。長話短說，我們後來叫了披薩！」

當然，這不會贏得任何普利茲獎（按：表彰對美國國內在報紙、雜誌、數字新聞、文學以及音樂創作等領域成就的獎項），但它是一個結構穩固的軼事。只要熟悉這個三元素，就可以開始美化故事，在必要時來改編和調整故事。

相同故事可以用完全不同的方式敘述，例如用個人故事展現自己脆弱的一面。不過無論如何，這三個組成要素始終存在。順帶一提，使用這三要素時，也需要留意以下幾點：

第 4 章　回應的藝術：別急，先等三拍

1. 加一個勾引人的東西

為了讓對話順暢，你可以說：「這讓我想起⋯⋯」，順勢引出你的故事。當然，你要確保故事與對話內容確實有某種有意義的連結。一個不錯的方法就是將自己的故事分為三個不同部分，並在每個階段間留一點神祕感，這樣可以讓人忍不住問：「接下來發生了什麼事？」不僅能有效提升互動性，而且讓對話變得非常有趣。

2. 保持簡短

我們有時會因緊張而說得太多，像是太快開始一個故事，或在結局已經明確後仍繼續講下去，夾雜大量無關的細節。所以我們要逼自己練習只保留最重要的部分，並刪除其他內容。

或者，你可以在別人滔滔不絕的講述長篇故事時，挑戰自己聽出故事的三個核心，並想像自己如何在十五秒或更短的時間內，說出相同內容的故事，也不失為一項有趣的練習。

3. 生動且包含細節

儘管內容簡短，但不代表你無法生動表達自己。試著加入一、兩個生動細節，讓故事栩栩如生。你還可以透過其他元素，例如：使用臉部表情、模仿別人的聲音或肢體語言來「演繹」故事的各個部分。

脫口秀喜劇演員通常會為了調整時機、說法和用詞，因此一個笑話得花上好幾個月。你也可以透過專注於幾個能增加趣味的關鍵細節，並精雕細琢，直到它們發光發亮為止。

4. 學習故事說得很自然的人，並做筆記

說到喜劇演員，不妨仔細觀察他們並問自己，為什麼他們說的故事或笑話會出名或令人捧腹。你可能會看到他們的表演隨著年月而改變，這時，我們要注意這些變化，並觀察他們如何讓事情變得有趣和吸引注意。

有時候，只需要在適當的地方停頓一下、抬一下眉毛、做一個特定手勢，或轉換特定的詞彙，就能將一個普通的事情，變成令人笑到停不下來的

第 4 章　回應的藝術：別急，先等三拍

笑料。

說好故事是一門藝術，觀摩大師的作品可以讓你從中學習。你也可以觀察那些啟發人心的演講者，或剖析魅力名人的訪談。記下他們做的一切，檢視自己是否能將其中一些融入到自身說故事中。

人們聽故事，是因為他們想跟隨角色的敘事發展。而他們想這樣做的唯一原因，是他們在乎這個角色，並投入情感。

所有好故事，都必須能觸動人心，否則人們根本不會在意。你不必讓自己的故事變得沉重或太誇張，只要確保有一個情感核心，將整個故事串連在一起即可。

也許你的故事很有趣，因為其中的情節可能很尷尬；也可能是一個「差點失敗」的故事，讓人因其感到震驚、特殊或幸運，而吸引人們的注意；也許你的故事很好聽，因為它是溫暖人心，或令人感到充滿正義、努力獲得回報的故事，或解開謎團的快感。

小聊，破尷尬

即使是故事主角只是隻小蜘蛛，但內容核心是關於希望與復原力，所以同樣能激勵人心！

當你在練習和準備故事和軼事時，請記住這一點，並確保清楚自己想要聽眾感受到什麼。為了達成這個目的，調整故事中的一切，包括你的非語言表達及肢體語言。

第 4 章　回應的藝術：別急，先等三拍

重點整理

1. 社交成功背後的一大技巧，就是培養對話技巧，也就是懂得如何即時引入和轉換話題。

2. 保持話題多變性，要善用感覺、觀察、意見、事實、行動聲明、自傳和事件。

3. 使用誇張的敘述、類比和對比，讓你表達更生動。

4. 別人說完話後，等三拍再發言，對話中提問與答案的比例為三比一。

5. 想講好故事，只需要三個步驟：建立基礎的開場白、令人驚訝的事件或衝突，以及情感滿足的解決方案。故事要簡短、切題，並包含情感核心，讓人們投入其中。

第 5 章

明明很努力，
開口還是冷場

第 5 章　明明很努力，開口還是冷場

1　表現同理有公式

最後一章將探討所有儘管我們盡了最大努力，對話還是失敗的原因。無論是缺乏同理心、失衡、貢獻、或被誤解的時刻，都會讓對話出現差錯。想成為一個熟練的對話者，要知道事情不按計畫走時，該如何處理。

薩拉一直覺得自己是個局外人。

她從小被霸凌，成年後，她發現想交朋友、堅持自己的立場、隨意和人聊天，都非常困難。有一天，薩拉驚訝的從一位好友口中得知，對方第一次見到她時，其實覺得她有點冷淡、看起來有點刻薄、愛批判別人。薩拉聽後

非常震驚，因為她一直以來都認為是人們在評判她。

社交焦慮的不幸之一，就是它會讓我們遠離當下、遠離自己以及其他人。人在感到焦慮，並專注於自身感受時，會開始隔絕外面的世界。對某些人來說，這可能代表不確定、不自信和順從。但對其他人而言，害羞在別人眼中可能會被冠上冷漠、傲慢的字眼。這看起來似乎不太公平，但薩拉朋友說的話也有道理，因為當我們**只專注於自身焦慮時，同理心就會逐漸消失**。

由於薩拉為了在壓力重重的社交場合中生存，花太多心思和注意力，因此沒有多餘的心力可以關注、關心其他事情，做不到讚美或熱情、友善對待他人，沒能真正傾聽別人對她說的話。

舉例來說，在一次與大學同學的Zoom（按：通訊應用軟體）通話中，薩拉記得自己全程緊張的盯著螢幕上自己的臉，掃瞄任何可能令人尷尬的事情，監視自己在螢幕上的模樣，並試著表現自然。然而，會議結束時，薩拉

第 5 章　明明很努力，開口還是冷場

卻完全不曉得發生什麼事。她不記得誰參加會議、他們的長相或過程說了什麼，甚至不記得這次通話主題。她整場會議都很焦慮，且過度集中在自己身上。但從其他學生的角度來看，只看到一個沒有投入通話的人。

同理心在各種對話中都非常重要，它是一種需要情緒素養和自我意識的技能，且需要跳出自己的框架。

用薩拉的故事作為本章開頭，是要強調缺乏同理心，不是因為我們故意刻薄、不關心別人或不近人情。事實上，大都時候我們無法真正的同理他人，僅僅是因為過於沉浸在自己的煩惱中，而變得不夠體貼。每個人都喜歡被認為自己的開車技術高於平均水準，或自己的品味特別好，同理心也是一樣，沒人喜歡想像自己沒有同理心。

然而，事實上，每個人都可能忽視他人、以自我為中心，或做出對自己有利，卻可能破壞與他人的假設。對話失敗的最大原因之一，就是缺乏同理心而導致的關係破裂。前文探討過許多問題（比如未能理解對方想要何種類型的對話），歸根結柢，都與同理、與我們是否願意跳脫自身視角，設身處

地理解他人的世界有關。簡單來說，同理心就是理解他人的經驗、看法和感受。以下兩種說話方式，可能會因為缺乏或沒有妥善表現出同理心，而導致談話不順：

● 對方嘗試引起你的共鳴，但你沒有回應。
● 你以同理心作出回應，但回應方式笨拙或不適當。

如果你認為自己遇到的是第一種，把注意力放到其他人和周遭環境上，就能解決這種情況。只要養成習慣，在每次互動時都自問，別人可能有什麼感受，以及你能如何承認、反映並確認這種感受。例如：「哇，你考了一百分，你一定感到很驕傲！」

若是第二種，要確切知道如何以同理心回應問題。例如，同事可能向你透露個人問題，而你應該如何回應？同理心能分成三種：認知同理心、情緒同理心和同情同理心。雖然同理心始終有價值，但是真正的同理代表了解如

第 5 章　明明很努力，開口還是冷場

何適當表達你的關心。

1. 認知同理心

包括透過有意識、理性的方式，認知和理解他人的情緒狀態，也稱為角色取替。舉例來說，當專門研究憂鬱症的精神科醫師，聆聽一位新病患講述自己的感受時，醫師當然了解患者說的，並知道患者是否為憂鬱症。然而，醫師自己可能從未經歷過憂鬱症，聽完病患說話後，自己可能不會感到悲傷或認同這種感覺。

這有點像看到某人深陷一個洞穴裡，而我們在洞外往裡看。認知同理心在工作場景、解決問題或專業情況中都很有價值。

2. 情緒同理心

指分享他人感受的能力，也是從更內在、私人層面上，認知他人感受。即使自己沒有這種經驗，但情緒同理心讓我們知道別人正在經歷什麼。例

如，朋友向你透露沮喪和絕望，聽到他們的話，你會跟著難過。雖然自己不憂鬱，但你對他們的處境有情緒上的共鳴。

像是看到某人掉進洞穴裡，然後你一起進去。這在與朋友、家人或伴侶等親密關係中至關重要。它也是從事關懷職業、調解和維持和平時，不可或缺的要素。

3. 同情同理心

這被認為是同理心的理想形式。涉及對他人處境的認知和感受，但不會因此不知所措。這種同理心是前兩者的最佳結合，不但能理解他人的感受，還可以提供幫助、引導或支持他們。同情同理心是和善、接納，但也是行動導向的。

這就像看到一個人掉進洞穴裡，你便帶著梯子進到洞裡，告訴他如何使用梯子爬出洞外。這種同理心在任何人際關係中都很有效，其特點是深思熟慮、臨場感，以及專注於實際解決問題的回應。

第 5 章　明明很努力，開口還是冷場

真正了解上述幾種同理心的差異非常重要，因為缺乏或錯判，通常就是造成談話不融洽的根本原因。

如何使用同理心語句

重要的是要意識到，同理心不是只是內心感受，反而是一種傳達給他人的訊息，其主要是讓對方感受到理解與支持。**同理是一種行動，僅有善意是不夠的**，我們必須仔細考慮如何表達關心和同情，並確保訊息是為對方量身打造，而對方也真正接收到。

同理能傳達對他人感受的理解、確認和支持。與同情不同，同理是真正理解，並與對方的情緒連結，而同情可能只是單純對對方感到遺憾，卻未能真正體會其處境。

有時候，人們會隨意給出他們認為所謂的同理心回應，但那只是對文化或社會期望的口惠而已。如果你曾接受過這種同理心，就會知道這種回應多

177

空洞無力。我們需要不斷提醒自己，真正的同理心不是讓自己感覺良好或充滿善意，而是站在對方的角度，考慮其感受與需求，並做出適當的回應。

讓我們仔細看看下列例子，仔細想想為什麼這些回應沒有用，並探索一些有效的替代說法：

● 「我相信事情沒有你說的那麼糟。只要發電子郵件給你老闆，他一定會理解。」

● 「別傻了，沒什麼好內疚的。」

● 「別這樣，我知道你能處理好的。」

當我們觀察一個人的情緒反應，即使原本是想讓他們振作，或說服他們問題並沒有那麼糟，但當我們試圖將問題淡化、否認或合理化時，實際上就是在削弱他們的情感。你可以說：

第 5 章 明明很努力，開口還是冷場

- 「哇，聽起來壓力好大。」
- 「難怪你會內疚。」
- 「我看得出來你充滿疑慮，也能明白你的感受。」

再看看下列例子，你能否發現它們為何沒表達出適當的同理心嗎：

- 「你真可憐，如果我碰到這種事，也會有相同感覺。」
- 「你需要試著走出家門或跑步。相信我，這是最好的治療方法。」
- 「也許你不覺得，但萬事皆有因，我就知道會那樣。」

這些回應的問題在於，他們過度著重於自身經驗、意見和觀點，並假設對方也一定是這樣。人類的天性是想分享智慧，並找出他人與自己之間的共同點，但當我們把自己當成主要參考點時，就會缺乏完整的同理心。為了避免發生這種情況，說出口的語句請嘗試以對方為中心：

- 「告訴我發生什麼事。」
- 「你要不要做或做一些喜歡的事,來轉移自己的想法?」
- 「聽起來你很難理解這一切。」

其他要盡量避免的,還有把憐憫錯當同情、給予建議、陳腔濫調,以及在對方只想分享感受並希望你聽聽其心聲時,你卻急於安撫和安慰對方。

這裡有個非常有用的公式:

1. 情緒標籤:透過標示他們的情緒來反映其經驗,並連結原因。
2. 感受:表達感受。
3. 幫助:提供深思熟慮的問題、建議或幫助。

仔細觀察,你會發現這個公式包含了前文的三種同理心。舉例來說,如果同事把他們正在煩惱的個人問題告訴你,你可以這樣回答:

第 5 章　明明很努力，開口還是冷場

- 「哇，聽起來你真的負荷不了（情緒標籤），因為你現在要處理所有事情（原因）。我真的很遺憾你不得不面對這種局面（表達感受）。我不知道能幫上什麼忙，但如果你想在下班後談談這件事，我可以在這裡陪你（提供幫助）。」

- 「我一點也不驚訝你有這種感覺。我相信這個消息一定讓你非常震驚（情緒標籤）。我懂你（表達感受）。你和孩子們目前相處得如何（深思熟慮的問題）？」

2 提供對方打開話匣子的門把

現今人們常以外向或內向來看待每個人的差異——喜歡社交與不喜歡社交的人。舉例來說，我們會想像好動的外向型人善於交談，而害羞和退縮的人，一定是個好的傾聽者。

但如果你曾遇過一個充滿自信的大嘴巴，從來不讓任何人插嘴，或一個膽怯的壁花，似乎從來不負責維持談話。你就會知道，交際能力不只是內向或外向那麼簡單。

現在我們將採取稍微不同的方法，將人們分成「付出者和接受者」。在對話中，付出者和接受者指人們與他人接觸時，採取不同方式。

第 5 章 明明很努力，開口還是冷場

● **付出者**：他們將對話視為邀請，傾向於提出問題、表現出興趣，並提供機會讓對方分享。他們給予對方的是精力、注意力和機會。他們創造對話的承受力，為他人提供貢獻的機會。然而，如果他們的付出沒有得到回報，可能會感到不滿，因為他們認為對話是相互交流。

● **接受者**：將對話視為聲明，傾向於發表聲明、分享自己的想法，以及成為焦點。他們會利用現有的能量、注意力和機會，懂得如何讓談話保持流暢，因為他們不需要等待明確的邀請，就能提供自己的意見。然而，他們有時可能會主導談話，讓其他人沒有太多的參與空間。

不要以為付出者或兩個接受者比接受者好。更重要的是這兩種動力如何互相配合。當兩個付出者或兩個接受者相遇時，對話會很順暢。另一方面，當付出者遇到接受者時，可能發生問題。付出者施予，接受者索取。付出者會感到疲憊和不滿，而接受者可能因很享受而沒有注意到，也可能感到無聊或惱怒。

183

小聊，破尷尬

每個人都能成為接受者或付出者，根據與誰、在什麼情境下交談，而扮演不同角色。兩者各有優缺點，付出者促進參與和相互分享，而接受者讓對話保持活潑生動。關鍵在找到付出和接受之間的平衡，提供和接受會話的承受能力。

這包括注意貢獻機會和接受他人貢獻。需要足夠的注意力，觀察誰在付出、誰在接受，以及我們該如何讓對話變得更和諧。例如：派對上，有四個人聚在一起聊天。其中一人一開始就問他們怎麼認識派對主人。由於有四個人，所以不知道誰應該先回答問題，所以有些尷尬。這裡有三個付出者，都想把風頭讓給別人。結果是，直到第四人——一個接受者決定開口，對話才真正開始。

這種方式在一段時間內很有效，因為接受者會站在舞臺中央，一個接著一個分享有趣的軼事。但直到最後，他們會厭倦持續待在風頭浪尖上，開始懷疑為什麼其他人沒有加入談話，以分散負擔。給予者也同樣煩惱，因為他們會認為接受者不停在說話，但從不要求他們做出貢獻。導致出現尷尬場

184

第 5 章 明明很努力，開口還是冷場

面，或如果時間拉長，可能會造成全面的衝突或誤會。要解決這種不和諧的情況，可以讓付出者主動出擊，時不時帶頭，或讓接受者閉嘴幾分鐘，請其他人開口。

拒絕成為焦點未必是大方、有禮貌或有同理心的表現。無止境的問題和轉移話題回到對方身上，最終會讓人覺得你在逃避或推卸責任。順帶一提，還有一種狀況是，接受者很享受自己在對話中的經驗，以至於忘記了其他人也是對話的一部分。

為對話提供門把

心理學家和溝通專家已識別出一種概念，叫「環境賦使」（affordances）。一般來說，這是指環境中的某事物允許你做某些事情，就像門把的存在允許你打開門。對話也存在該概念，它能讓對方做某些事情，通常以某種方式回應，乞求對方抓住它們的資訊。

接受者雖然會占盡風頭，但同時，他們也創造了「門把」，讓其他人抓住——讓對話流動起來。任何能激發他人加入並發言的陳述，都可以稱為環境賦使。

優秀的對話者，會在說話中加入門把，讓對方有辦法接話，進而聚集能量和熱情，快速享受互動，甚至熱情的插話。

在前文出現的提問，「你週末有什麼安排？」其實不太容易引起對話。環境賦使概念可解釋這個現象，就是有些問題或評論太平順，我們可能覺得問這些問題非常禮貌和大方，但事實上，它們無法激發人們想回答的衝動。

舉個例子：「我很喜歡搖滾音樂。我前幾天剛看了一場音樂會。我最喜歡的樂團是 X、Y 和 Z，你最喜歡哪些搖滾樂團？」

其實這只是在自己的意見或貢獻最後加上一個問號，裝成邀請對方分享。有點像在問：「我說完自己喜歡的事了，現在給你一個機會，讓你講我喜歡的東西。」

你認為對方會想談搖滾樂團或任何樂團嗎？如果有人問你這個問題，你

第 5 章　明明很努力，開口還是冷場

會不會立刻覺得非得回答？你甚至可能會嫌麻煩、感到乏味，認為對方沒有誠意或膚淺，這就是因為少了門把。事實上，問別人：「嘿，你的興趣或愛好是什麼？」很可能不會得到熱情回應，而且幾乎像一種義務，就好像在說：「我要問這個普通的問題，現在你的工作就是說些有趣的話。」

對話中的付出和接受，都應包括提供真正能讓對話進展到下一步的機會。這代表發表言論或提出問題時，要邀請對方回應和參與。提問很好，但問題不會自動成為門把。我們可以想想下面兩個問題：

● 「你的課程什麼時候結束？」
● 「什麼原因讓你決定參加急救課程？」

如果你無法看出哪一個問題能創造更多回應，就想像一下每個問題的可能會出現的回答，以及對話中將如何表現即可。有些問題有如停止標誌，唯一的出路就是再問另一個問題，而這可能導致很快陷入無聊的面試場合。

187

對話中的接受者可能會說：「急救課程？聽起來很有趣。就我個人而言，我總是造成意外的那個人⋯⋯。」從表面上看，這是一個自我為中心的答案，將注意力帶回到說話者身上，並沒有問對方任何關於他們的事情。然而，想像一下，你剛剛告訴別人急救課程。哪個回答會讓你有更多的發揮空間——是這個回答，還是「你的課程什麼時候結束？」

同樣的道理，學會察覺環境賦使概念，也意味著要知道什麼時候有人向你拋出對話門把。保持好奇心，當你注意到有人向你發出對話邀請時，請盡快回應。

A：「急救課程？聽起來很有趣。就我個人而言，我總是造成意外的那個人⋯⋯。」

B：「下次你噎到時，可以打電話給我，我需要練習心肺復甦術！」

之後與人聊天時，你可以練習找出對話提示是什麼。注意誰是焦點、什

188

第 5 章　明明很努力，開口還是冷場

麼時候出現焦點，以及自己的付出與接受比例。你不必禮貌而正式等到別人問你問題時，才提供意見。你也可以邀請他人貢獻，不需要刻意問他們問題，只要想像拋出一個乞求被接納的意見即可。你創造的互動，將比乏味的問答更真實、愉快。

3 不被討厭的插話技巧

打斷對話的心理學看起來直截了當：其中一人正在說話時，突然被另一個人打斷，讓一開始的發言者不滿。然而，插話比這種表面現象更複雜。若某人說話時突然被打斷，其聲音會在被打斷後逐漸消失。例如：

A：「我去了迪士尼樂園，上星期……。」

B：「我愛迪士尼樂園，那是我最喜歡和家人一起玩的地方。」

A放慢語速，在提到迪士尼樂園後讓B有插嘴的空間，雙方同時說出了

第 5 章 明明很努力,開口還是冷場

「上星期」和「我愛」。

美國溝通研究員朱莉亞・哥柏(Julia A. Goldberg)認為人們插話的原因很多,但並非所有的插話原因都相同。她將插話分為三種主要類型:

1. **權力插話**

  發生在插話者尋求主動取得談話的控制權時,通常為了顯得比聽眾優越。蓄意主宰談話,導致被干擾的一方感到不被尊重和侵犯。應對策略包括有技巧重新確立自己的權力,並避免讓干擾者接管談話。

2. **和諧插話**

  旨在建立和諧關係,透過表達、傾訴和理解,從而積極貢獻談話。與權力插話不同的地方在於能維持談話流暢度,讓雙方都感到被聽見和尊重。事實上,正如我們前文看到的,有時因為熱情而插話,實際上可以增進關係。

3. 中性插話

目的不是為了獲得權力或建立融和諧關係,但可能被誤認為是權力插話。包括興奮或情緒化、溝通方式的差異、正在處理更重要的事情,以及自閉症和多動症等心理健康狀況。

重要的是,如何向講話者表示傾聽或是支持,可能存在文化差異和期望。注意非語言暗示,有助於區分權力和中性插話。

在談話中插嘴,如果是基於錯誤的態勢,往往會對正確的溝通產生負面影響。你不只可能錯過重要資訊,還明確向對方傳達:你不僅將談話視為競爭,而且還想贏過對方!

雖然偶爾的插話很自然,但頻繁中斷會使對方挫折、憤怒,導致溝通失敗。一般而言,只有在緊急情況、處理侮辱性言論或快速尋求澄清時,插話才被視為妥當。然而,即使在這些情況下,有禮貌、體貼的打斷他人發言,以減少任何干擾感也非常重要。只要掌握適當時機和工具,就能有技巧的打

第 5 章 明明很努力，開口還是冷場

斷別人談話。以下是正確插話的幾種方法：

1. 注意時機

注意說話者使用的填充詞，如「嗯」、「是」或「你知道……」。這些都是提示，說明他們可能不確定下一步該說的話，因此可視為適當的插話時機。同時也要注意呼吸間的停頓，尤其當人不確定下一個觀點時，插話可以減少突兀感，也容易被接受。

你可以仔細觀察話題是否有明顯停頓，或某個話題是否自然結束。你也可以選擇等待來自環境的自然中斷，例如：「服務生來點餐了。」

2. 使用反應重述技巧

用反應來插話，例如說「等等！」或「等一下」，然後重複剛才提到的內容，再提出問題。像是：「等一下，所以他們告訴你狗會帶著戒指出場？真不敢相信。牠還會穿西裝嗎？」

這個技巧能表現出你的熱情和興趣，讓人覺得是在邀請你，而不是打擾。這也讓你的評論或問題變得輕鬆，因為重述顯示你很專注的聆聽並承認你聽到的，而不是盲目說出自己的想法。

你也可以嘗試用小動作、表情或聲音，示意你實際上舉手準備說話，就像在學校裡一樣。靠近一點、微微張開嘴、深呼吸或舉起手指，都可以提醒對方你有話想說。不過，請注意如果對方立即開始更大聲或語速變快，或做任何事情來暗示他們不想讓你插嘴，那麼就不要插話。

請記住，**插話的目的是鼓勵其他發言者多說**，而不是掩蓋或削弱他們。

3. 做個大聲的聆聽者

這是指聽眾為了讓講話者知道自己被聽到和理解，而採取的行動。包括聲音表達：「嗯哼」、「嗯……」，還有面部表情、手勢，如點頭、靠得更近，以及任何表示對所說內容的肢體語言。

如何做到或實際上要做到什麼程度因人而異，有些文化期望聽眾能熱情

第 5 章　明明很努力，開口還是冷場

投入，冰冷的沉默則解讀為缺乏關心或注意，而非尊重。就像不同背景、不同年齡層甚至不同性別的人，都可能有所差異。

要注意的是，某些插話可以歸類為「支持性插話」。一個好的經驗法則，是仔細聆聽講者考慮上下文、面前的人以及當前主題。傳達訊息中的情緒轉變並做出反應，證明你已內化訊息，例如：當你聽到笑話時，可以開懷大笑；聽到壞消息時，可以皺眉頭；而當你聽到令人難以置信的事時，你可以說：「天啊！」或「真的嗎？」

你也可以練習重複關鍵資訊來回應說話者，藉此表示支持，這就像在激動人心的布道（按：指基督教教會中，由神父、傳道人或牧師進行的一種演講）中說「阿們！」，不是在插話，而是表示對話打動了你。最後，可以使用眼神接觸表示自己正專心聆聽。在最重要或最關鍵時刻，或當對方分享重要的情感體悟時，與對方眼神接觸，以表達你的關心與投入。

如果你是被打斷的那個人該麼辦？同樣的原則也適用——嘗試區分是有

人想刻意控制談話，還是只是熱心或想表達他們的支持。如果是有人試圖主導，你可以用優雅或不破壞關係的方式表達自己的意見。

例如：「噢，不好意思，我還沒說完！就像我剛說的……。」盡量避免直接提高音量與對方爭奪話語權，因為這只會變成意氣之爭，而對方根本不會想聽。保持輕鬆，將插話當成無傷大雅的意外，而不是裝出受傷的樣子。我們可以說：「哎呀，剛剛發生了什麼事？」而不是說：「你幹麼插嘴？」

偶爾你遇到一個不讓你說話的人。不幸的是，無論你的社交技巧有多高超、談話能力有多出色，如果對方根本不願意互動，那一切都沒有意義。不要太擔心，試著從這類對話中解脫，不必把它視為自己的問題，禮貌的找個藉口結束對話並離開吧！

第 5 章　明明很努力，開口還是冷場

4　小聊，破尷尬

現在，我們來談談如何即時止損，以及何時該放棄一場無效對話。當互動變得不對勁時，該怎麼做？

我們都曾經歷過這種時刻。它們可能令人沮喪、困惑、煩惱，甚至挫敗。你已經盡自己最大的努力與對方建立連結，而對方顯然也同樣在努力，但就是行不通。好像雙方在說兩種不同的語言，很難延伸對話。也許是陷入徹底的誤會，讓你摸不著頭緒或可能情況更微妙，讓你覺得：「我們怎麼會談到這個？」

有很多關於溝通衝突的討論，但在真正發生衝突前，有很多種灰色地

帶——無盡的潛在怪異、缺乏理解，或只是單純覺得彼此的話語怎麼都對不上。我們稱這些為「什麼鬼時刻」。

當一個人想溝通的內容，與另一個人的看法脫節時，對話就會陷入僵局。即使是討論截止日期、回饋意見或工作任務等簡單直接的話題時，也可能發生這種情況，你會突然清楚意識到，自己無法假設他們是如何解讀資訊、他們的目標和價值觀是什麼，或者他們在互動中是如何看待你的。

這時，我們該做的第一件事是：放輕鬆。這種溝通上的失誤或中斷，其實比當下感受到的更常見。花時間提醒自己，這不是任何人的錯，也不一定是個真正的問題。現在正是你運用並考驗自己社交技巧的機會。

1. 意識到自己身處其中

面對什麼鬼時刻的第一步，承認自己實際上正在經歷這種事。意識到事情出錯，通常讓人產生恐懼，因為不論是誰都會擔心失去連結、沒有歸屬感、引起別人反感，或不被接納、理解。

第 5 章　明明很努力，開口還是冷場

然而，如果你放任自己被這種恐懼支配，可能只會變得更執著自己的觀點，反而無法看清問題並加以解決。你可能會採取防衛性姿態或試圖保護自己，甚至開始重複同樣的話，導致對話陷入死胡同：「算了！隨便你，我不在乎。」

一旦意識到自己的情緒已經被觸發，你可以選擇：封閉、堅持自己的觀點；放輕鬆，並帶著好奇心走出這片沼澤。

2. 決定真正了解

就像你可以選擇了解，試著轉換思維與心態，帶著真正的好奇心看待對話，透過開放式問題來理解對方的觀點，而非用封閉式問題，讓對話停滯或強迫接受自己的觀點。

在衝突和誤解期間，主要的問題是缺乏相關資訊。對你來說，對方突然拿出一個黑盒子——有些東西在他們腦子裡，但你不知道是什麼。很可能他

們對你也有這種感覺。獲取這些資訊的唯一方法，就是詢問他們，而不是假設或猜測。

開放式問題不僅能讓你獲得這些資訊，也能讓對方感受到你真心想理解。承認你自己的困惑，並真心尋求了解，例如：「對不起，我不太明白。你如何理解那封電子郵件的內容？你能解釋它是什麼意思嗎？」關鍵在於用中立和誠懇的態度提問。

3. 重複，直到出現一些共識

你可能會迂迴曲折一段時間，就像陷入泥地的車子，不可能第一次嘗試就把車子弄出來。持續提出開放性問題並耐心傾聽，直到達到某種程度的共同理解。

這可能需要時間和努力，但對於推進談話和解決破裂至關重要。你需要願意承認可能是自己的主觀過濾、假設和自我妨礙了談話。避免懷著「對方是錯的」這種想法去傾聽。舉例來說，如果你一直堅持認為對方說得沒有道

第 5 章　明明很努力，開口還是冷場

理而且故意刁難，就無法聽見對方所有試圖解釋或尋求和解的話。

保持耐心、開放的態度，避免過早下結論或直接斷定對方的話語及意圖。小心謹慎、慢慢來，並使用像：「聽起來你的意思是……我這樣理解對嗎？」之類的話。

如果有必要，可以坦承當下對話自己無法完全理解。可以說：「我們暫時先放下這個問題冷靜一下，稍後再來討論。你覺得如何？」只要確保你已經誠心誠意努力連結和了解對方的觀點就可以了。

使用過程移動擺脫衝突

「過程移動」概念來自於國際象棋，指小心謹慎採取策略步驟贏得遊戲。只是，在談話中，你的策略步驟是為了幫助每個人獲勝。

對話中的過程移動很簡單，就是觀察對話過程是如何卡住或偏離軌道。

它是一種跳出誤解或僵局的方式，讓人們注意到對話本身。

有時候，光是觀察就很有幫助。當我們的情緒被激發時，可能會想要立刻解決問題。但只要停頓一下、承認對話中的落差，並以中立的態度點出，反而更有幫助。

舉例來說，如果談話似乎陷入無限循環、沒有進展，你可以說：「我覺得我們一直在繞圈子，或許我們可以想想怎麼調整？」不需要馬上提供解決方案，也不需要突然情緒化或開始責備對方。只要表示自己發現這個情況，並願意後退一步審視對話。

這個簡單的觀察，能大幅改變對話的動態，部分原因在於它讓彼此從當下的問題中稍微抽離，進而找到更合適的交流方式。

使用過程移動時，一開始可能會不熟悉，因為不是日常的會話內容，可能會讓人覺得有點假。但如果能自信使用，就能表達出合作意願，即使兩個人無法理解對方，也能察覺對方有意理解。

為了將過程移動整合到溝通工具包中，以下是一些你可以嘗試使用的有用短句：

第 5 章　明明很努力，開口還是冷場

- 「我覺得我們似乎（誤解對方、對話卡住了）……。」
- 「我們好像在談兩件不同的事，你在講 X，我在談 Y，你覺得中間發生什麼事？」
- 「聽起來我們都認為現在很難做出改變。我想知道可以做什麼事來改變現狀？」

若是針對緊張局勢的情況，可以這樣說：「我不確定這段談話是否有任何進展。我建議先休息一下，等彼此都冷靜下來後，再回來討論這個問題。我們都要思考自己想從這次談話中得到什麼。」

請記住，即使可能感到沮喪，但你想傳達的不是這種感受，而是願意尋求解決方法或諒解。所以這時的語氣很重要，小心選擇用字，並使用言語和非言語的行動，表達開放心態且沒有威脅。

擺脫尷尬

有時候只是互動變得怪異，沒有重大衝突或明顯的問題。

可能是你問了一位沒有懷孕的女士預產期是什麼時候；也許你對說第二語言的人開了一個玩笑，但他們沒聽懂或沒聽清楚；或可能只是笨拙的嘗試調情，卻失敗了。

有許多原因會導致冷場，像是沒有足夠的共同參考框架，或彼此都經歷了不愉快的一天。有時候，可能只是輕微的失誤，卻讓人覺得很難繼續將對話發展下去。

別擔心，每個人都會遇到這種情況。

提醒自己，這些小毛病和低潮都很正常。即使是好朋友、靈魂伴侶和親密的家人，也會這樣。如果當下氣氛不佳，就結束這段對話。詼諧的言行可以給對話帶來很大的幫助，但如果互動真的有點變調，只要承認、不抓狂，

第 5 章　明明很努力，開口還是冷場

不將它視為是對方的問題，擺脫當下的氛圍，就能讓自己輕鬆許多。最好的處理方式，是盡快承認對話中的失誤和錯誤，然後有風度的退一步。堅持自己、裹足不前，只會讓事情變得更糟：

● 「哇，我真的讓自己很尷尬。」
● 「看起來我們今天都有點累了，就到這裡吧，改天再聊。」
● 「我不是這個意思，對不起。祝你今天愉快。」

脆弱其實可以創造更多親密感，撫平任何小尷尬。若能處理妥當的話，有時一個蹩腳的笑話，也能成為更深入連繫彼此的機會。保持真誠、善良，如果談話突然失敗也沒關係！就讓它過去，好好學習後再聊。

重點整理

1. 同理心不是你的感覺，而是主動傳達給他人的訊息。
2. 對話中的付出者和接受者，指人們在與他人接觸時所採取不同方式：付出者給予聚光燈，而接受者則接受它。重要的是，注意付出和接受的平衡。
3. 提供和接受別人可以抓住的對話機會。
4. 不要擔心對話中的小毛病、失誤。意識到已經產生失誤，真心尋求理解，並尋找共同點或諒解更重要。

國家圖書館出版品預行編目(CIP)資料

小聊,破尷尬:不再只用天氣當開場白。四大不敗話題、先等三拍再回話、刻意唱反調,你的話題天空再也沒有烏鴉飛過。/派翠克・金(Patrick King)著;吳宜蓁譯. -- 初版. -- 臺北市:大是文化有限公司,2025.06
208頁;14.8×21公分. -- (Think;295)
譯自:Small talk that doesn't suck.
ISBN 978-626-7648-46-9(平裝)

1. CST:社交技巧　2. CST:溝通技巧
3. CST:說話藝術

177.1　　　　　　　　　　　　　　　　114003570

Think 295

小聊，破尷尬

不再只用天氣當開場白。四大不敗話題、先等三拍再回話、刻意唱反調，你的話題天空再也沒有烏鴉飛過。

作　　　者／派翠克・金（Patrick King）
譯　　　者／吳宜蓁
校對編輯／黃凱琪
副　主　編／陳竑悳
副總編輯／顏惠君
總　編　輯／吳依瑋
發　行　人／徐仲秋
會　計　部｜主辦會計／許鳳雪、助理／李秀娟
版　權　部｜經理／郝麗珍、主任／劉宗德
行銷業務部｜業務經理／留婉茹、專員／馬絮盈、助理／連玉
　　　　　　行銷企劃／黃于晴、美術設計／林祐豐
行銷、業務與網路書店總監／林裕安
總　經　理／陳絜吾

出　版　者／大是文化有限公司
營運統籌／大是文化有限公司
　　　　　臺北市100衡陽路7號8樓
　　　　　編輯部電話：（02）23757911
　　　　　購書相關資訊請洽：（02）23757911　分機122
　　　　　24小時讀者服務傳真：（02）23756999
　　　　　讀者服務 E-mail：dscsms28@gmail.com
　　　　　郵政劃撥帳號：19983366　　戶名：大是文化有限公司

法律顧問／永然聯合法律事務所
香港發行／豐達出版發行有限公司　Rich Publishing & Distribut Ltd
　　　　　香港柴灣永泰道70號柴灣工業城第2期1805室
　　　　　Unit 1805, Ph. 2, Chai Wan Ind City, 70 Wing Tai Rd, Chai Wan, Hong Kong
　　　　　電話：21726513　　傳真：21724355
　　　　　E-mail：cary@subseasy.com.hk

封面設計／林雯瑛
內頁排版／黃淑華
印　　　刷／韋懋實業有限公司

出版日期／2025年6月　初版　　　　　　　　　　　　Printed in Taiwan
ISBN／978-626-7648-46-9　　　　　　　　　　　　定價／新臺幣420元
電子書 ISBN／9786267648438（PDF）　　（缺頁或裝訂錯誤的書，請寄回更換）
　　　　　　9786267648421（EPUB）

Copyright © 2024 by Patrick King
Complex Chinese translation rights arranged with PKCS Mind, Inc. through TLL Literary Agency and The PaiSha Agency
Traditional Chinese translation copyright ©2025 by Domain Publishing Company

有著作權，侵害必究